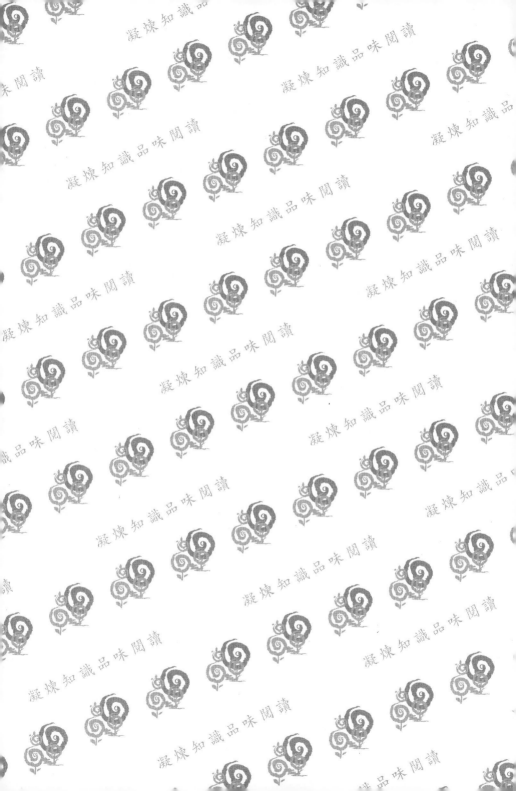

# 台灣都市縮影50+

## 關於台灣城市規劃的回顧與反思

張學聖—著

五南圖書出版公司 印行

# 作者序

　　在空間規劃專業領域多年，常常需面對許多城市發展的問題。都市規劃的範疇包羅萬象，涉及居住生活空間的品質、自然環境生態資源的維護、工作與經濟產業發展的需求、文化的保存與活用、生活機能、基盤建設及公共空間的提供，以及都市面對防災問題、水資源問題、綠能問題、空汙問題、交通問題等空間使用的種種問題。其中涉及「城市競爭力」營造、「土地正義」公平、面對氣候變遷「韌性城市」建構、「高齡友善」城市推動、邁向「永續發展」的實踐等多元價值的追求與挑戰。

　　2019年，中華民國都市計劃學會創立50週年，當時理事長林峰田教授，請我負責針對台灣城市發展的經驗為題進行整理。經過當時理監事成員們對台灣城市發展代表性案例的討論，羅列與建議了許多台灣過去發展各類型重要經驗的案例項目，包括：最早市地重劃的案例、台灣田園城市的態樣、產業園區發展的經驗、台灣科學園區的推動、城市內徒步區的推動經驗、高雄地下街的推動經驗，乃至鐵路地下化都市縫合的改造、文化歷史風貌專區的推動、農村再生的推動等約30個不同類型的城市發展代表性案例，以及當下各縣

市政府正積極進行的城市改造代表性重點案例，以彙集50個代表案例為目標。接著，我帶領著當時研究室的夥伴們，開始進行相關資料蒐集與彙整工作。受限於作業時間，各案例多以能較方便取得的二手資料蒐集為主，並快速地完成了案例介紹的初稿。

在2019年都市計劃學會50週年年會上，我利用20分鐘發表分享，雖然時間非常有限，只能飛快式地瀏覽了這50個台灣過去的都市發展案例，但對於曾第一線經歷或參與推動的規劃前輩而言，能藉此快速回顧與檢視過去規劃界辛苦累積的一些成就；對於年輕新進的規劃界朋友，則有許多回應與需求反饋。事後不少規劃前輩給予正向鼓勵，建議應進一步整理與分享這些台灣城市發展重要的經驗。個人認為，規劃專業本質中，經驗的傳承是非常重要的，面對各種當代城市發展問題，除了學習他國經驗外，成功的典範移轉（Paradigm Shift）過程中的重要關鍵要素之一，便是對在地城市發展經驗的理解與掌握。所以，應該有必要讓規劃師以及市民，能理解與吸收台灣過去寶貴的都市發展經驗。因此，我嘗試擔任起「中介者」的角色，一則進一步彙整補充各案例的重要資訊，二則也嘗試把個人從事規劃教學研究的一點經驗與心得，彙整及穿插在各案例的前言與結尾之中。希冀讓

讀者能多面向思考各案例的精神，並期待能誘發更多創意回饋提供給當代規劃議題作為對策參考。

城市與市民息息相關，小至日常中食衣住行、求學、工作等個人生活所衍生的基本需求，乃至整體產業經濟、自然生態環境的和諧共存，都對我們有深刻且長遠的影響。故有關城市規劃的知識，除專業研究以外，也應該用通俗的方式，讓更多人了解。從現在回顧過去的經驗，以及從過去的經驗再看向未來。現今民眾參與已成為城市規劃主流的價值，相信更多人對城市規劃有所認識與理解，應有助於民眾參與溝通成本的降低，而邁向共同設計的理想未來。這是本書的主要初衷。

全書從50年的台灣城市發展經驗回顧為主，以時間軸為案例呈現的順序，並概分四個時間段，分別以四個篇章來加以介紹。受限於全書篇幅以及個人能力，各篇章則分別挑選4-6個案例來構成。而文中案例多非個人有親身參與規劃的經驗，故在消化彙整過程，想必一定有文不到位，甚至疏漏不足之處。本人負全文之責，並請諸位先進不吝指導。

張學聖

於成大都計系

2021年12月21日

# 篇章 1

## 當哨聲響起：
## 二戰後的城市發展起步
## 與規劃思潮引入

時間：1950-1970

# 前言

　　自第二次世界大戰結束、日本政府投降，1949年國民政府正式遷台之後，台灣進入了新政府交接後的百廢待興時代。在此時期，台灣在過往殖民時代所建造的現代化基礎建設建構了部分根基，都市計畫的體系也在日本殖民時期引入台灣，促使各核心城市納入寬敞筆直的道路、圓環、公園等公共設施。另一方面，國際局面上則有美國爲了防堵共產勢力擴張所執行的美援計畫，自1951年韓戰爆發、美國第一批物資運達台灣開始，維持了約15年的美國援助時期。而在城市規劃方面，1960年代之後與聯合國申請成立的技術支援組織「都市建設及住宅計畫小組」（Urban and Housing Development Committee，簡稱UHDC），對於後續台灣往後約50年的區域與都市發展、土地使用管理產生了深刻的影響，也正式引進規劃理論並使其有機會運用於台灣。

　　台灣在這段期間，總人口由740萬人增長至1,400萬人，都市人口比例由22%增長至54%；經濟面向，從1950年代逐步發展勞力密集的進口替代策略，到1960年代朝向輕工業與出口擴張的政策，台灣主要產業逐漸由農轉工，平均每人國

民所得由1950年的1,498元到1970年提升至14,550元[1]。這段期間的重點城市變化，延續日治時期的車站周邊素地開發，採用了市地重劃的方式促使地區土地得以建築使用，爾後發展成為重要製造業產品銷售集散地──這是全台第一個市地重劃「高雄第一期市地重劃」；又或者因應戰後行政中心遷建所啟動的新市鎮規劃，採用西方田園城市與鄰里單元的構想建設而成的「中興新村」，以及同樣引進美式鄰里單元社區配置，但同時回應戰後住宅需求的「台北市民生社區」，這兩大案例在不同的背景之下，同樣引進西方規劃理論作為計畫基礎，為該地區建構了為時60年綠意盎然、別具一格的城市規劃範例；又或者是回應經濟環境的需求，啟動與產業相關的土地專區規劃，為台灣開啟了一道經濟奇蹟的大門──「高雄楠梓加工出口區」。

　　本階段的城市，正面臨發展的起步而有了素地開發、住宅安置與產業用地規劃等各種嘗試，在彼時的計畫都是國際上的典範移轉到在地的實驗，憑藉著前人的努力與該時局的各方援助，台灣的城市規劃經驗正逐漸累積、扎根。

---

1　文中敘述各時期人口數量與都市化資料，係參考自行政院主計處與經濟建設委員會都市及區域發展彙編；平均每人國民所得係參考自行政院主計處。

# 1958年　由素地到城市之地：
# 高雄第一期市地重劃區

　　1945年，第二次世界大戰結束，台灣從日治時期邁入中華民國的新紀元。新政府初來乍到、缺乏資金與資源，城市需要一個合適的規劃工具以回應土地發展的需求。此時，「土地重劃」躍上舞台，延續過往日本政府的規劃構想，高雄，這個港與鐵路成就的城市，推生了全台第一處執行「市地重劃」的案例，為高雄、甚至全台灣的日後推行城市發展計畫，建立了開發的典範。

## 日治以來的高雄：港埠興起的城市

　　日治初期的高雄，由於高雄港運輸的興盛，因此帶動周邊相關建設的需求，是為港市發展最為密切的時期，重要建設規劃主要集中於鹽埕、鼓山、旗津一帶。1908年公布的「打狗市區改正計畫」範圍以今之愛河以西，包含旗後、哨船頭、哈瑪星、鹽埕為主（如圖1-1）。最早的高雄火車站「打狗火車站」於1900年建於今天的鹽埕、鼓山交界處，以方便港口貨物的運輸。便捷的海陸運加速高雄的工商業發展，進而帶動人口增長，衍生都市發展的需求。

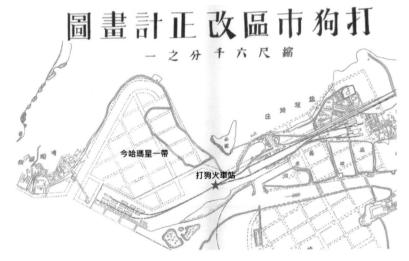

**圖1-1　打狗市區改正計畫圖**

圖片來源：高雄市都市發展局新聞稿（2017）。重現台灣首座都會自然公園
　都發局啓動打狗公園調查規劃，檢索日期：2021.06.04，取自：https://urban-
　web.kcg.gov.tw/KDA/web_page/KDA020102.jsp?PK01=KDA070000001336。

　　1924年高雄設市之初，人口約爲4萬人，1930年人口已
達約6萬人，1936年更增長至9萬人。加上農業與工商業的
發展持續興盛，原先西南方的計畫地區發展已趨飽和，同時
跨越愛河（高雄川）的橋梁也建築完成，向東發展已蓄勢待
發。

　　1936年日本政府實施「台灣都市計畫令」，同年公告
的「大高雄都市計畫」擴大計畫範圍爲4千餘公頃，較上次

計畫變更增加約8倍的面積；計畫人口也同步增加至40萬人（計畫年期1965年），意即日本政府預計高雄的人口數量在30年間將增長4倍之多。同時原先打狗火車站也在此次計畫變更中遷移至三塊厝（今市中心位址），內容包含了多樣公共設施（公園、學校用地、園道、運河、排水路等），成為如今高雄市都市計畫完整雛形（如圖1-2）。

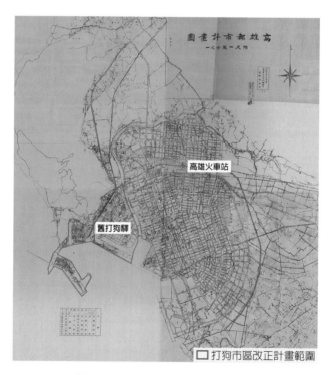

圖1-2　1936年大高雄都市計畫

圖片來源：中研院地理資訊科學研究專題中心——台灣百年歷史地圖，檢索日期：2021.03.11，取自：http://gissrv4.sinica.edu.tw/gis/kaohsiung.aspx。

　　此時高雄的發展重心逐漸由港埠轉而以鐵路為重心。整體都市計畫與交通網絡共同建構出高雄的空間結構——以新車站為核心向外擴張，呈現向四方擴展的型態。向東延伸的鐵道與車站以接近南北正向的方式規劃，臨高雄車站南北兩側新市區則幾乎採取與鐵道平行垂直之街路規劃（劉碧梳，2016）。

　　在日治時期的最後10年間，高雄火車站前站地區大略已開發完成（如圖1-3），然而持續增長的人口與工商業的發展，由火車前站發展至後站的土地使用需求因應產生。本案例緊鄰火車後站，從原先的農地已具備了都市發展的候選資格——緊鄰重要交通節點，且包含了如今博愛一路、九如二路及自立一路等聯通市區南北重要道路，自然被接續而來的主政者視為高雄發展的下一步基石之地。

**圖1-3　1944年 高雄舊航照圖（紅框為本案例範圍）**

圖片來源：中研院地理資訊科學研究專題中心——台灣百年歷史地圖，檢
索日期：2021.03.11，取自：http://gissrv4.sinica.edu.tw/gis/kaohsiung.aspx。

## 案例介紹

　　「高雄市第一期市地重劃區」，位於高雄火車站後方，東至吉林街、南至縱貫鐵路、西至安東街、北至十全路。計畫總面積約為67公頃（如圖1-4）。

　　本案獲得土地所有權人全體贊同，1958年開始執行地面建築拆除與道路管線鋪設等工程，然1年後遭遇八七水災，

**圖1-4　高雄市第一期市地重劃範圍示意圖**

圖片來源：高雄市政府地政局土地開發處，檢索日期：2021.03，取自：https://reurl.cc/MZ34z4。

工程遲至1960年完工，完工前後之空照圖如圖1-5所示（高雄市政府地政局土地開發處）。

　　重劃完成後之公共設施用地約有20公頃，其中包含19公頃的道路與1公頃的公園綠地；其餘約47公頃則作為建築用地。整體而言，重劃後可建築用地比為整個計畫範圍的70.4%（如表1-1）。而重劃後的平均地價漲幅約2.1倍（如表1-2）。土地所有權人平均負擔比率為34%，意即其共同負擔之公共設施用地、抵付工程費用及重劃費用之土地，占總計畫面積的34%。

表1-1　高雄市第一期市地重劃區，重劃分配建築用地情形表

單位：公頃

| 重劃總面積（A） | 重劃後公共設施用地（B） | 重劃後可建築用地（C） | 可建築用地比例（C/A） |
|---|---|---|---|
| 66.31 | 19.64 | 46.68 | 70.4% |

資料來源：《高雄論重劃——市地重劃50週年研討會論文集》，高雄市政府地政處，2009。

表1-2　高雄市第一期市地重劃區，平均地價變化表

單位：元／平方公尺

| 重劃前 | 重劃後 | 地價成長倍數 |
|---|---|---|
| 55 | 120 | 2.19 |

資料來源：《高雄論重劃——市地重劃50週年研討會論文集》，高雄市政府地政處，2009。

高雄火車站

### 1956年　重劃尚未開始

高雄火車站

### 1960年　重劃工程完成

**圖1-5　重劃前後航照圖（紅色虛框為本案例範圍）**

圖片來源：中研院地理資訊科學研究專題中心——台灣百年歷史地圖，檢索日期：2021.03.11，取自：http://gissrv4.sinica.edu.tw/gis/kaohsiung.aspx。

　　道路與土地整理完畢，搭上鄰近火車站的地利之便，到1970、1980年代，本重劃區內縱橫形成了兩大商圈，帶來源源不絕的人潮與消費熱潮。橫向有以成衣批發爲主的安寧街，與台北五分埔、台中天津街並列爲全台三大成衣批發商圈，安寧街綿延近1公里約有400家成衣店，年產值在全盛時期可達200億元，可謂當時南部成衣批發的主要集散地；縱向則是帶動皮鞋製造的大連街，由原先零星的製鞋商家轉而形成高雄最具知名度的手工鞋零售、製造的商店街（如圖1-6）。

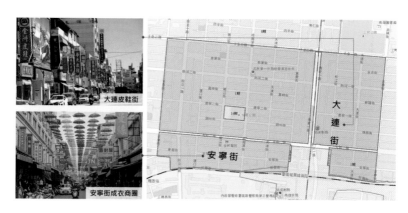

圖1-6　後驛兩大商圈示意圖

圖片來源：高雄市政府地政局土地開發處，檢索日期：2021.03，取自：https://reurl.cc/MZ34z4。

高雄市大連街商圈，檢索日期：2021.03.11，取自：https://www.facebook.com/DaLianKao/?ref=page_internal。

後驛商圈，檢索日期：2021.03.11，取自：https://www.facebook.com/houyishopping/。

## 規劃錦囊：土地重劃

### 為什麼需要土地重劃？

　　土地原始的樣貌並不是如今看到地圖上，由道路包圍、方方正正的街廓。需經過整理方能進行道路、管線等基礎建設，使其大小適宜、形狀方整，並進而興建建築等，以促進土地有效之利用。土地重劃就是達成開發的其中一種方法。

### 土地重劃怎麼做？錢從哪裡來？

　　土地重劃的類型有：市地重劃（都市計畫地區內）與農地重劃等，其中市地重劃又分為公辦（政府主辦）與自辦兩種類型。大致流程包含：選定重劃範圍、測量、調查及地價查估、計算負擔及分配設計、工程規劃設計及施工。施工完成之後進行土地的交接與清償，讓原地主拿回應有的土地分配。

　　又公辦的市地重劃會有「抵費地」的機制。參與市地重劃之地主，以重劃區內未建築土地，折價抵付應負擔的工程費用等。

　　重劃區內公共設施用地及工程建設費用，則由地主共同負擔，政府可節省龐大建設經費，地主亦可享受交通條件改善、環境品質提升及土地增值等實質效益。

### 誠實說：市地重劃

　　儘管市地重劃看起來是個一舉兩得的好方法，然而過往不乏有爭議性的案例，其多為涉及人民財產與都市發展競合的課題，政府的角色定位在市地重劃中也備受挑戰。

　　最終，市地重劃是涉及土地增值、都市地貌型塑、都市發展的重大工具，它也帶動不少地區的發展與興盛，如同本案例重劃後的後驛商圈。權衡其他價值、大眾福利及城市發展的優先序位，是都市計畫永恆的課題。

## 如今的後驛──城市的再生循環

　　第一期市地重劃可謂因火車站而生，從原先的素地變身為後火車站繁榮的商業地景，在經過近60餘年的時光變遷，逐漸因大環境的經濟趨勢而受到衝擊。以安寧街成衣商圈為例，近年因電商崛起、民眾消費習慣改變，加上成本價格之劣勢，導致成衣商圈逐漸沒落。另一方面，城市中人的生活在變，交通建設的模式也在變，鐵路由原先的地面調整為地下化的形式，為配合台鐵地下化的工程，都市計畫因應進行調整，將重新為鐵路轉型的未來規劃土地使用策略。對於車站周邊的區域來說，環境的改造與再規劃確實成為轉型的助力。

　　高雄市政府為配合鐵路地下化計畫第二階段，於2016年辦理都市計畫變更，並以市地重劃方式辦理整體開發，是為第七十一期市地重劃（如圖1-7）。總面積約25公頃，部分地區則與第一期市地重劃的南邊疊合（如圖1-8）。此規劃重疊的情形，象徵在不同的時空背景之下，高雄車站的更新與周邊土地的再發展。這樣的城市更迭過程，我們可以將其視為一個循環鏈、一個城市「開發、興盛、沒落、轉型、再生」的循環。

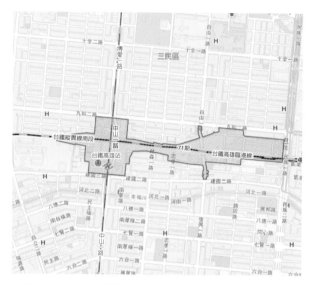

**圖1-7　高雄市第七十一期市地重劃範圍示意圖**

圖片來源：高雄市政府地政局土地開發處，檢索日期：
2021.03.11，取自https://reurl.cc/MZ34z4。

**圖1-8　高雄市第一期與第七十一期市地重劃範圍示意圖**

底圖來源：內政部國土測繪中心國土測繪圖資服務雲，檢索日
期：2021.03.11，取自https://maps.nlsc.gov.tw/。

## 後記

　　高雄市自1958年開辦第一期市地重劃至今已逾一百期，重劃期數、面積均稱冠全國，包含：科工館、美術館、高雄巨蛋、左營高鐵站都是市地重劃取得之公共設施，也讓周邊地區間接受到土地價值提升的利益。一般民眾到高雄的五感體驗也常有「路又大又直」、「大型公共建設多樣」等評語，都可以回溯到經過開發整理的土地所帶來的城市體驗最直接的結果。

　　不論公辦或自辦市地重劃，除可紓解政府取得興闢公共設施的財政壓力，亦可平衡私有地主間，因都市計畫規劃所產生各使用分區與公共設施之開發權益差異的不公平。以2017年12月的統計資料為例，台灣總計完成16,853餘公頃的市地重劃，取得公共設施用地面積約33.84%計5,703餘公頃，節省政府建設經費共約新台幣9,708億餘元，提供可建築用地面積10,819餘公頃（李得全，2019）。

　　若以整體開發角度檢視都市土地的使用效率與公共設施開闢的成果，包含市地重劃一類的開發手段在過程中，協調公共設施的興闢、公平負擔的制度，或許可以作為如今公共設施保留地問題的解方。雖然在操作上仍有負擔標準等可進一步探究的議題，不過自1958年的第一起市地重劃案件起，市地重劃直到今天仍是重要的都市發展土地開發方式之一。

# 1961年　西方規劃理念在地實踐：
# 　　　　中興新村新市鎮

　　什麼是良好適居的都市形式呢？高樓大廈、高密度、高使用強度的開發、容納大量人口的高度都市化城市，宛如現代主義大師柯比意（Le Corbusier）曾在1922年提出的「容納300萬人口的都市」，一個效率、巨型城市的構想；又或者是一個低密度、自給自足、以人為本的環境思維，宛如霍華德（Ebenezer Howard）在田園城市（Garden City）描述的理想。前者雖未被實踐，卻象徵現代主義思維運用於城市規劃的可能性；而後者受到世人的推崇實踐於少數案例，卻深深影響了空間規劃理論。

　　在台灣，即有一處參照田園城市與其他歐美規劃理念所建置的新市鎮計畫──中興新村。它結合彼時政治考量的背景，融合了西方規劃理論與該時先進的基礎公共設施系統，成為當前發展新市鎮計畫中特殊、具時代性意義的代表。

## 備戰時期的第二行政中心

　　1950年代台灣仍處於國共戰爭一觸即發的備戰狀態，考量省政府於戰時需有疏散後供辦公的空間，政府高層認為有必要採取第二行政中心設立的計畫。針對選址的條件設定上，除了必須遠離原省政府所在地——台北以外，還須符合：具備軍事安全、交通可及性、尚未開發、在台灣中部且靠近山邊等項目。種種條件篩選之後，位在南投縣的中興新村雀屏中選。1956年台灣省政府從台北市疏遷至此辦公，並著手規劃整體都市設計，於隔年完成規劃與初步建設。

## 仿照西方規劃思潮的規劃構想

　　中興新村計畫是台灣早期計畫少數高度參照規劃藍圖建設而成的社區，為國民政府遷台後第一項大型的建設營造工程，其建設藍圖係參考部分英國田園城市理論以及美國都市設計的內涵，融合建構而成。計畫當中參考的設計理念主要為：英國田園城市、美國鄰里單元（Neighbourhood Unit）等。

・田園城市：真正的田園城市在英國霍華德博士的構想中，上自行政權力、下至土地地權的分配，以及針對城市尺度、人口數發展上限，都有明確的設定，是一個針對社會改革結

合空間規劃的開發計畫。而中興新村與田園城市的借鏡之處，在於針對一片素地的藍圖式的規劃過程以及具有大量綠帶配置等「類」田園城市的精神，而非全然的田園城市。

・**美國培里的鄰里單元：**中興新村當中運用鄰里單元的概念，主要幹道配置於周邊，社區中心無通過性交通（如圖2-1）、公共設施集中於鄰里核心等。在規劃圖中所見的囊底路，也是美國社區當中普遍存在的特殊空間，目的為方便小客車迴轉、保持住宅區寧靜的方法。

　　整體而言，中興新村是一個融合西方規劃理念的在地化實踐案例。最初的空間構想由城鎮北側的省府行政辦公區域為頭，向南端延伸兩個鄰里單元與一個市鎮中心作為員工眷屬日常生活的住居區域，集結了公共設施與商業服務設施的市鎮中心區，即設置於兩個鄰里住居單元之間。而後都市計畫擬定時微調了鄰里單元的分配，並加入了主要幹道以西的另外兩個鄰里單元。

　　除了新潮的規劃實踐之外，中興新村還引進當時不甚普及的基盤設施與環境工程，包含：附有人行專用步道的層級性道路系統、自來水上水道系統、雨水汙水分流的下水道系統，以及考量台灣天然災害多變的特性，埋設地下化電氣管線等。作為官方示範的市鎮規劃場域，中興新村的確建立了典範。

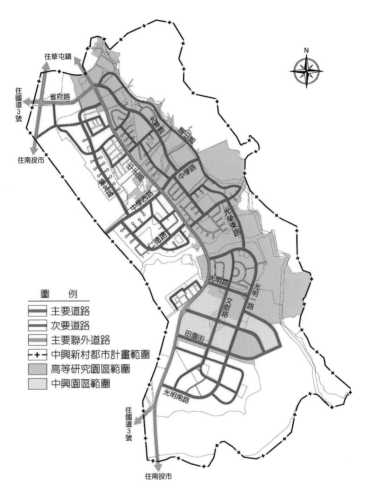

圖2-1　中興新村道路系統示意圖

圖片來源：變更中興新村（含南內轆地區）都市計畫（配合中興園區）
案，內政部，2019年。

## 新市鎮的都市計畫

1961年《中興新村都市計畫》正式核定，1968年進行範圍擴大納入南內轆地區，成為現今的都市計畫：中興新村（含南內轆地區）都市計畫。

擴大南內轆地區之後的計畫面積為451.9公頃，計畫範圍東以大虎山脊為界，西以營盤口為界，南接南內轆部分都市計畫區，北以山腳里為界。計畫人口為17,700～24,700人，居住密度約150～210人／公頃（包含住宅區與商業區），參考營建署說明台灣居住密度現況，中興新村計畫的居住密度明顯低於一般市鎮的200～500人／公頃。

都市計畫當中的配置參照前述具體運用鄰里單元的概念，以3,000～7,000的人口，融合學校、市鎮、娛樂中心所組成的鄰里中心，每戶居民離學校不超過550公尺，市場不超過680公尺；同時，利用不同層級的道路系統，以進行聯外道路、區與區間劃分與連結的主要幹道，以及區間與區域內的次要道路等建置；在戶外空間上，則依照各鄰里單元的需求，在中心與各區域設置不同規模的綠帶，型塑休憩空間系統，同時輔助低密度發展與防空需要，並建構如：兒童公園、大運動場、路樹植栽等空間類型。

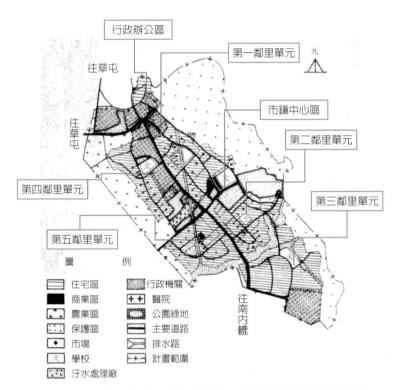

**圖2-2　中興新村都市計畫土地使用分區與鄰里配置示意圖**

底圖來源：變更中興新村（含南內轆地區）都市計畫（通盤檢討）案，南投縣政府，1984年。

圖2-3 中興新村鄰里單元與學校設置現況示意圖

底圖來源：Google地圖。

## 規劃錦囊：新市鎮計畫

　　新市鎮的開發多是爲了紓解市中心過多的人口與連帶產生的城市議題，多會規劃於市中心的郊區地帶，新市鎮與衛星城市皆是依附中心城市而生，並與其有著緊密的經濟、交通聯繫關係。

### 新市鎮的鼻祖：田園城市

　　田園城市的概念係由英國都市學家、社會活動家霍華德（Ebenezer Howard）於19世紀末提出。霍華德有感於工業時代之後，人口急速成長且都市化程度持續增長，造成城市無限地膨脹、生活條件日益惡化及貧富不均等社會問題，出版著作《明日·通往改革的和平之路》（*To-morrow: A Peaceful Path to Real Reform*），而後更名爲《明日的田園城市》（*Garden Cities of To-morrow*）再出版，闡述其對於一種城市、人、自然的相處理想，結合城市和鄉村的優點，使人在自然、公平、自由的環境中實踐生活。

　　在實質的規劃設計上，每一個田園城市的單元占地規模爲6,000英畝（242,811公頃）。核心城市占1,000英畝（40,468.5公頃）；四周5,000英畝（202,342.5公頃）爲綠帶所包圍，屬於鄉村地區，有農地、牧場、果園、森林。人口安排上，

6,000英畝的土地規劃居住32,000人，其中30,000人住在核心城市，2,000人散居在鄉間。每個田園城市單元以向心式的模式，六個田園城市單元還可圍塑出一個約20萬人口的中央城市，城市中央爲公園及公共建築與行政設施，外圍爲花園及住宅，再外圍爲工業用地，城市外皆爲農業用地（如圖2-4）。

　　在社會制度設計與人文理想上，田園城市的土地爲公眾所有，政治制度上爲地方自治管理，市民議會可以共同決議財務、土地使用與規劃、公共設施建置等，是爲一種居民高度參與市政的社會制度。整個田園城市得以「自給自足」，交通、市場、學區、食衣住行生活區的可及性皆能滿足。這樣的理想也在1899年經由田園城市協會的建立，開始推行，並於1903年和1920年分別建立了兩個試驗性質的花園都市：英國的萊奇沃思（Letchworth）和韋林（Welwyn）。

### 台灣的新市鎮

　　中興新村是在時代背景的特殊性質之下所衍生的新市鎮規劃，其對於西式規劃的理想有較爲顯著的實踐成果；而後淡海新市鎮、高雄新市鎮的規劃，卻由於各種原因（如：跨部門整合、交通易達性）導致開發成效不彰。

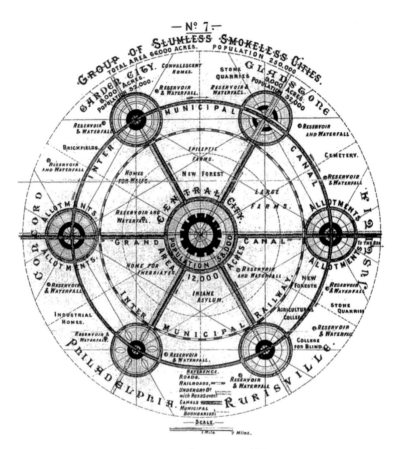

圖2-4　霍華德田園城市構想圖

圖片來源：Ebenezer Howard (1902). *Garden Cities of To-morrow.*

## 再生定位變遷與功能轉換

　　1999年省府組織精簡後，台灣省政府原有在中興新村的行政機能與業務，隨著組織調整與合併而大幅減少，加上1999年九二一地震時車籠埔斷層通過中興新村東側，引發規模強大的災害，中興新村之行政機能逐漸消退，就業人口也快速流失，影響地方的經濟活動。失去原先定位的中興新村遂開啓了再發展之路。

　　歷經多年的討論與研究，2006年由內政部核定《中興新村再發展計畫》，秉持「保存活用」的原則，爲既有的設施、人文風貌規劃事宜的空間提出再利用計畫。規劃構想將中興新村分爲北、中、南三塊區域。北區爲文化藝術創意產業園區，中區爲優質度假型生活園區，南區則爲培訓研習會議園區。內容包含辦公廳舍活化再利用，引進文化藝術創意產業進駐、提供文化藝術資源整合及交流平台。如今由經濟部協助在地青創者，向國發會承租空屋，組成文化創意聚落。

## 高等研究園區？文資保存區？蚊子區？

　　2008年行政院核定「中興新村發展爲高等研究園區先期規劃」預計進行科學園區的開發，然而周邊資源不足，開發

未果。期間轉換主管機關，陸陸續續有工研院中部分院成立「中台灣產業創新研發專區」、資策會建立「新興智慧技術研究中心」。2013年以後，則有農業技術研究院、民間業者和法人團體進駐。2011年中興新村內有九成範圍登錄爲文化景觀，並進行文化景觀保存維護計畫及保存計畫。

2021年，中興大學向行政院遞件申請，擬在中興新村核心區域設立分部。而南投醫院也預計於此設立長照基地，計畫配合國發會「地方創生」政策，在中興新村籌設「中興新村地方創生青年創業孵化基地」，利用中興新村約2,200平方公尺的閒置空間，整修後作爲實驗場域招商進駐。

中興新村都市計畫人口有31,000人，現況人口數僅存約20,000人。過往別樹一格的鄰里規劃、道路與綠帶仍舊屹立不搖，然而公有宿舍、公共設施逐漸頹敗腐朽。近年來的諸多計畫都期待能爲此地帶來新的活力，如何在這個曾經富有理想與未來性的實驗新市鎮，再創發展的新契機，成爲一大課題。

圖2-5　歷史建築中興會堂的昔與今

資料來源：文化部國家文化資料庫，原圖為行政院新聞局所有，文化部
文化資產局國家文化資產網，檢索日期：2021.06.15，取自：https://nchdb.
boch.gov.tw/assets/overview/historicalBuilding/20110413000005。

## 後記

　　田園城市充滿了烏托邦式的理想色彩，反映著對於理想國度的渴望與想像，怡然自得、綠意十足的「宜居」感，加上土地共有共享的類共產制度，至今仍被不少人視爲經典的另類城市型態。中興新村的時代特殊性與實際規劃、執行而成的卓然成果，大大有別於今日主要的台灣都市，西方規劃思潮影響下的空間格局以及先進都市的公共設施，象徵由官方建設的首個新市鎮的實驗精神與驕傲，某種程度也成爲一般大眾所羨慕的另類城市生活樣態。

　　走在中興新村之中，眼界所及景象，蓊鬱的路樹沿著蜿蜒的道路穿梭在各紅磚屋瓦的住宅間，氛圍寧靜宜人，行人步行的空間寬闊舒適；而腳底下的是台灣早期少見的自來水、雨汙水處理的上下水道系統，以及地下化的電線、電纜等基盤工程。從規劃到工程的實踐充分展現彼時規劃藍圖的縝密考量，直至60年後的今日仍屬台灣市鎮規劃的經典。而這樣怡人自適的環境也不禁使人反思，如今高密度發展的都市仍舊面對不間斷的環境、社會議題，如：極端氣候於都市之中的回應、住宅供需平衡與房價高漲等；一個良好的居住環境，或許該誠如田園城市的理想假設，低密度與低強度的自給自足，去除土地所有、權力的紛爭，人人各司其職地生產與生活，享受與環境、自然的共存共榮。

# 1968年　美式社區新嘗試：
# 台北民生社區

　　1960年代是戰後百廢俱興的時期，也是城市人口大幅增長的時期，1950年初大量隨國民政府來台的軍眷移民達120萬人，加上1960年後由鄉村湧至城市尋求工作機會的鄉村移民，兩類人口大量匯聚於首都台北市，使得台北市人口自戰後約20萬人暴增至1967年逾百萬人，達到當時院轄市的規模，進而升格與台灣省同級。

　　尚處在備戰時期的1950、1960年代，國防仍是國家主要政策重點，此時的政府並無太多資金與建設能量。面對大量的城市人口居住規劃，延續日治時期的市營、國營住宅，台灣在美國的協助下引進了強調標準化、具經濟合理性的工業化住宅形式，並執行起一系列公共住宅計畫。這個時期的住宅形式奠定了如今大台北地區最普遍的公寓樣貌——四、五層的無電梯公寓，外觀平整、無多餘裝飾的牆面，內部坪數約30坪上下，符合一家四口居住的配置原則。然而，同樣都是常見的「台北老公寓」，有一處社區枝葉扶疏、步行空間舒適、環境氛圍特別迥異於其他地區，如今集聚了充滿特色的文藝小店，它就是民生社區。

## 百廢待興、住宅需求的廣增時期

　　1950年末期到1960年的台北人口急遽上升，隨著國民政府而來的軍眷戶、由農村遠赴而來尋求都市工作機會的移民戶，加上既有的台北城周遭的住戶，台北舊城區周遭一帶的人口暴漲，居住密度也隨之上升。這個時候，台北城市的人口已達百萬，對於住宅的大量需求，迫使政府正視住宅政策的議題。此時的台北市住宅形式，與我們目前對於普遍公寓、大廈印象相去甚遠。在1960年初期，僅有不到3%的民眾住在公寓式住宅，其他仍以「連棟式街屋」為主要住宅型態，且當時的公寓式住宅很可能僅為店屋的二、三樓改裝，而非正式營建、分戶的公寓（林君安，2016）。於此之外，根據1963年的台北市違建普查顯示，有將近三分之一的家庭是居住在違建中。

　　1955年起時任市長高玉樹先生，對於將台北建設為可以媲美歐美先進國家的「現代化」城市有絕佳的野心。自1955年起有好幾件由政府主導興建的「市民住宅」、「整建住宅」計畫，如：1955年三張犁市民住宅、1964年南機場一期整建住宅等（如圖3-1）。最早期的現代化公寓式住宅由政府參考歐美國家的經驗，以市民住宅或整建住宅的形式興建，逐漸將現代化公寓這種集合式、立體分戶的概念帶入台北的

房地產範疇之中，深深影響了後續台北市的住宅樣貌，打造今日台北地區的地景與生活化的空間，也樹立了台北、甚至台灣都市住宅的里程碑。

圖3-1　1964年南機場一期整建住宅

圖片來源：內政部營建署住宅數位業務典藏網站，檢索日期：2021.05.27，取自：http://publichousing.cpami.gov.tw/files/13-1000-17712-1.php。

## 民生社區計畫之始與連帶影響

民生社區的新社區開闢由1964年起開始籌備，1973年開始建設。於籌備時期，聯合國與美國協助成立的「都市建設及住宅計畫小組」（UHDC）也剛剛組織完畢，藉由該組織增添了政府在多處規劃與設計上有所學習、效仿的依據。

　　民生社區規劃的特別之處，源自其建設資金的來源與開發合作模式。民生社區屬於公、私合作的住宅新社區，採用集體重劃的方式取得土地，而資金的來源係向中央所爭取的美援專案貸款，故在前後受到美國的影響頗深，開發機制與規劃設計均需符合美國與當時聯合國的標準，造就具有美式社區「鄰里單元」概念的民生社區。

　　計畫的前後分兩波完成：第一波為520戶的公教住宅，位於今日民生東路四段56、80巷一帶；第二波由台灣的建設公司──聯和建設公司興建約千戶的聯合二村，屬於今日民生東路五段69巷一帶。公教住宅與聯合二村都由中央及軍公教人員優先承購，且可以「無自備款、無息」的優惠方案買下。諸如此類的優惠運用於當時的公共住宅，使得這類的現代化公寓逐漸親民化，讓市民（具特殊資格的市民）得以較無負擔地承購房屋，而現代化公寓在一般市民、私人建商的接受度也就日漸提升，越來越多公寓與合建或委建的方式開始動工，形成最初現代化台北的城市意象。

## 美式社區到底怎麼美式？

　　民生社區的建築樣式同為該時代的現代化公寓，然而其依照美國培里「鄰里單元」的概念，結合在地街廓路型進行調整，加上嚴謹的建築管制，因而型塑現今別具一格的模樣。

• 計畫範圍：敦化北路以東、撫遠街以西、民權東路空軍基地以南（不包括機場）、延壽街以北，共約110公頃。

• 規劃構想：運用了美國「鄰里單元」的設計理念，並因地制宜有了許多變化。鄰里單元的設計理念主要呈現在學校設置、公共與商業設施配置等。

　　整個民生社區的7個鄰里依照學校的設置進行布局，目前整個計畫範圍內共有5所中小學，學校布置在鄰里的中央，使孩子步行上學只需400公尺的距離，不超過800公尺，且不需要穿過主要道路。公共設施的配置有社區中心與副中心之分，中心位於民生圓環之西北側街廓（如圖3-2），副中心在計畫西側與敦化北路交叉處，原先的計畫中，計畫範圍內不設置任何公共或商業型服務，而超市、銀行、郵局、托兒所、集會場所等，都集中於中心與副中心。計畫中以「純住宅區」為優先考量。

　　除此之外，民生社區在規劃之初特地設置專屬的管制要點——《台北市民生東路新社區特定專用區建築管理管制要點》。其中為避免商業行為，明訂了「除商業用地及臨敦化北路東側住宅用地外，所有建築物不得設置騎樓」；針對整體人行步道的留設、招牌廣告設置、建物增改建高度限制等，都有明確的要求。加上棋盤式的「田字型」街道劃設，

圖3-2　民生社區中心現況

圖片來源：台北市政府地政局土地開發總隊，檢索日期：2021.05.27，取
自：https://www.lda.gov.taipei/News_Content.aspx?n=2971200738639366&s=
71D947EA2BB895A6。

搭配綠意盎然的行道路樹、植栽，更使得民生社區的街道氛
圍、環境有別於一般台北市的公寓社區。

　　除了上述，民生社區在規劃之初，已將電線全面地下化，
因此在社區內沒有設置電線桿，使街道上的活動空間更為寬
廣。範圍內規劃設有25座大小不等的公園（如圖3-3），綠地占
了社區面積近十分之一，同樣參考自培里的鄰里單元構想。

台北市第四十二號之四（民生東路新社區）細部計畫圖

59.10.24府工二字第47316號

**圖3-3　1970年民生社區細部計畫圖**

圖片來源：修訂台北市第四十二號之四（民生東路新社區）細部計畫案，台北市政府，1970年。

## 規劃錦囊：現代化公寓與鄰里單元

### 現代主義與集合式住宅（公寓）

現代主義建築源自於第一次世界大戰結束後的20世紀初期，在資源短缺以及工業化世界逐漸形成之時，現代主義強調機能、效率的核心思想，運用在建築上採取簡約設計，去除古典建築的裝飾物，更符合工業化大量生產的原則。法國建築師勒・科比意（Le Corbusier），尤其關注現代房屋問題，並提出了「住房是居住的機器」的說法，也曾設計不少現代主義建築作品，如法國馬賽公寓（如圖3-4）；而他也曾以都市計畫的角度提出了「300萬人口的現代城市」、「光輝城市」的構想。

在德國，1919年成立的包浩斯（Bauhaus）學院，除了是現代設計的教學、學派的領航之地，更是現代主義與集合式住宅的設計搖籃，模組化、大量生產的集合式住宅，為戰後的德國提供了大量的居住空間，而後也在世界各地受到效仿。集合式住宅的概念遂在這樣的時空背景下逐漸影響了歐美國家的規劃，面對戰後混亂、缺乏居住空間的核心城市，興建迅速、價格親民、立體化且具有容納效率的現代集合住宅就此誕生，「經濟實用但不脫舒適」，是它的特徵。

## 鄰里單元

　　美國的鄰里單元理論的產生，也是基於大城市當中混亂的居住環境所提出的整體空間配置構想，1929年由建築師培里（Clarence A. Perry）針對紐約與其近郊提出。為了因應小汽車逐漸普及的社會，同時納入人居的舒適程度，鄰里單元考量了公共設施的配置，並以學校步行範圍的距離來考量人口與一個單元的規模；主、次要道路的分級，加上穿越性交通道路配置於社區的角落，社區內部不會有通過性車流；整體範圍約有10%的土地面積會用於公園綠地的設置等（如圖3-5）。鄰里單元的理論被普遍使用於世界各地，至今仍深深影響都市計畫的居住空間規劃。

　　民生社區的整體規劃融合鄰里單元結合在地的作法，採用棋盤式的街廓，學校、公園綠地與居住區的分配，和早期阻隔商業區與住宅區的構想落實至今；民生社區的建築，正是現代化集合式住宅初期引進台灣的代表。處於戰後人口遽增的彼時台北，參考了兩種來自西方的規劃手段因應，運用的時空背景恰當，為台北的城市意象留下了特別的空間，作為公、私合建的住宅，更開啟後台北地區興建這類集合式住宅公寓的濫觴。

**圖3-4　法國馬賽公寓**

圖片來源：Flickr.com，Alan Wylde 拍攝，標題：Unité d'Habitation。

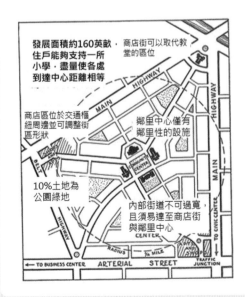

**圖3-5　鄰里單元構想圖**

底圖來源：New York Regional Survey, Volume 7, 1929.

## 後記

　　民生社區對於大眾而言是具有特殊神祕氣質的，或許有著常見的台北老公寓外觀，然而整體街道綠意盎然、寬敞的人行道，建築與人行的空間有著不可言喻的舒適感。即使而後商業行為逐漸進入到住宅地帶，仍不減社區祥和、自適的氛圍，許多文創型商店、咖啡店的進駐更提高一般大眾親近此社區的機會。然而，即使有著特殊的發展背景，民生社區就像同個時期興建的公共住宅們，有更新、加裝電梯等需求，因此老舊住宅的更新是未來社區內所面臨的課題之一。

　　民生社區的興築，是在台北市住宅興建剛由公部門為主、準備邁入私部門市場的交接時期，對於現代化公寓在台北市的推行有著市場化的意義；同時，又有美援末期的貸款資金協助，切合美國鄰里單元規劃的構思與嚴謹的建築管制要點搭配，有別於高度都市化的集中、高密度型住宅社區，別具跨時代的意義。

圖3-6　民生社區一景

圖片來源：本團隊拍攝。

# 1969年　產業帶動經濟大躍進：
# 高雄楠梓加工出口區

　　在台灣整體產業重心由農轉工的過程中，跨越了進口替代以及出口導向的兩大時期。邁向出口導向的進一步完整化政策過程，採取自由開放、鼓勵出口的方向，連帶附有獎勵投資、降低關稅、降低投資阻礙等實質需求。配合這樣的政策導向，如何以專門地區的土地規劃或者制度，配合促進產業的進步？高雄的楠梓加工出口區是台灣早期繼高雄加工出口區的成功經驗之後，第二處接著設立的加工出口區。產業專區與城市發展的交互關係包含區內與區外。區內充分運用了政策制度的協助，為產業群聚提供了良好的利多；區外的楠梓一帶生活聚落空間發展也深受它的影響，進而帶動了當地以二、三級產業為主的新篇章。

## 勞力→機械──產業轉型的開始

　　1960年代初期的產業政策，從原先的進口替代，逐漸因應國際局勢與國內產業、人口結構的變化，過渡至出口導向。

　　國際局勢方面，美國等國家因勞力成本上升，欲將勞力密集產業外移，當時政府為吸引外國投資，決定採取自由開

放、鼓勵出口等政策，透過降低關稅、放寬進口、單一匯率等作爲改革措施，由出口帶動生產，並於1960年公布《獎勵投資條例》，以減免租稅方式吸引外資抵台；此外，美國於1965年終止對台經濟援助，美援的停止意味著台灣經濟勢必進行全新的組構。

在國內產業與人口結構方面，1950年代的進口替代政策至後期，因台灣市場狹小且趨於飽和，工業成長逐漸減緩；產業的人口結構上，人口快速增加，農業部門有勞力過剩之情形，須創造就業機會。政府期望徹底提高工業所占的GDP比重，然在這個目標之下，當時台灣尚欠缺資金與技術。故除了頒布前述的《獎勵投資條例》，政府於1965年推出了《加工出口區設置管理條例》，並於次年在高雄港塡土而成的中洲上設立了台灣第一處加工出口區──高雄加工出口區（如圖4-1）。融合自由貿易區、免稅區與工業區等機能，以「拓展對外貿易、吸引工業投資、引進最新技術、增加就業機會」爲目標。高雄加工出口區成立後不到3年，廠區使用已達飽和，成效良好。1968年行政院核定將楠梓台灣糖業公司所屬後勁農場土地，設立爲高雄加工出口區第二園區。1969年，高雄加工出口區第二園區更名爲楠梓加工出口區，楠梓加工出口區就此成立（如圖4-2）。

圖4-1　1968年高雄加工出口區

圖片來源：國家發展委員會檔案管理局收藏，原圖為行政院新聞局所有。

圖4-2　成立初期的楠梓加工出口區

圖片來源：文化部國家文化資料庫收藏，原圖為行政院新聞局所有。

# 規劃錦囊：加工出口區

## 定義

許多開發中國家將「出口導向（export orientation）」視為促進經濟成長與創造就業機會的重要政策。為了拓展出口以發展經濟，政府常以設置加工出口區（export processing zone, EPZ）作為重要的政策工具。

世界銀行（World Bank, 1992）將「加工出口區」定義為：在特定區域內專為製造出口為目的的特定產業區域，此區域內政府提供自由貿易條件與寬鬆的管制條件。曾有學者指出各國設立加工出口區的主要目標，包括：1.經由促進出口，賺取外匯收益；2.為當地提供就業機會緩和失業問題，提升人民的所得水準；3.吸引外人直接投資；4.技術移轉、知識外溢以及透過示範效果，提升在地非傳統商品的生產技術。

## 加工出口區在台灣

台灣自1966年起第一處加工出口區成立至今，共成立了10處園區，分布於台中、高雄、屏東地區，總面積共計約530公頃。初期以民生產業為主，包含：成衣、印刷製品、化學製品、塑膠製品、金屬製品、機器製品、電器產品等，

為台灣奠定經濟奇蹟的基礎。而後逐漸以半導體、顯示器、光學、電子、資訊軟體及數位內容、高附加價值產業為主。到了1980年代，考量經濟結構的轉變，政府以加工出口區之制度為管理藍本，並由加工出口區管理處支援人力，創立了第一個科學園區——新竹科學工業園區。

### 加工出口區的產業與土地關係

　　除了政策與制度的完善讓專區內的廠商得以在最小阻力的情形發展產業，「群聚」所獲得的效益更能加深各企業形成空間上的匯聚，以及肉眼不可見的緊密生產網絡。產業群聚是由「空間維度」和「關係維度」所組成之具有競爭優勢的空間複合體，其中「空間維度」亦指單一產業或是相異產業座落在特定空間所產生的經濟行為；「關係維度」包括垂直生產維度（上下游生產）和水平生產維度（相同產業之廠商）。複合體則是由於群聚內部因各種社會關係、企業文化、和其他制度的考量，產生不同的合作與競爭關係、集體學習、創新研發。

　　而在加工廠內的企業也有屬於領頭型的「旗艦廠商」。旗艦廠商能夠以市場結構、生產技術的研發與掌握程度、資金等優勢，使其具有穩定的權力支配，進而影響其上下游

廠商的市場策略、生產網絡布局、專業化發展模式，最後改變這些上下游廠商的空間區位選擇。而早期在加工出口區內形成不易移動網絡關係的旗艦廠商，成為促進廠商在加工出口區群聚的重要動力來源（闞永祺、王惠汝、孔憲法，2011）。

## 加工出口區與周邊土地規劃的配合與變遷

　　1969年楠梓加工出口區成立後，首先成立籌備小組進行廠區規劃，並在1971年所有區域規劃建設完成。整個加工出口區占地約97公頃，北邊為後勁溪及高雄都會公園，南邊為原日治時期海軍第六燃料廠改建而成的中油煉油廠，以及附屬的宏毅新村。交通條件上，北臨德民路；東臨瑞平路；南臨加昌路；西臨外環西路（如圖4-3）。

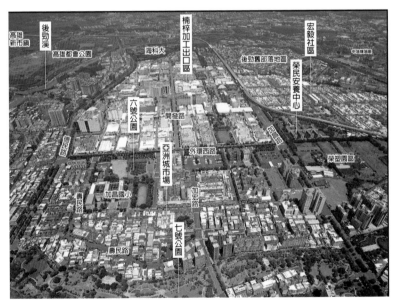

**圖4-3　楠梓加工出口區周邊環境空照圖**

圖片來源：《變更高雄市都市計畫（楠梓加工出口區、後勁及右昌一帶鄰近地區）細部計畫》，高雄市政府，2016年。

　　在土地使用規劃的層面，為配合楠梓加工出口區與周邊地區的發展，1970年高雄市政府公告《高雄市楠梓區主要計畫》，並以楠梓加工出口區及其周邊地區共約169公頃作為細部計畫的範圍。然而因種種因素，2005年細部計畫通盤檢討以《變更高雄市都市計畫（楠梓加工出口區及中油莒光宏毅新村一帶）細部計畫》為範圍進行第一次通盤檢討；2016年以《變更高雄市都市計畫（楠梓加工出口區、後勁及右昌一帶鄰近地區）細部計畫》進行第二次通盤檢討。以楠梓加工出口區為核心的細部計畫範圍經過多次整併，最終細部計畫面積達908公頃。綜觀本細部計畫的土地使用分區分布（如圖4-4左），以楠梓加工出口區為核心所建構而成的住宅與商業區圍繞在園區周圍，可見在土地規劃上，除了既有在地聚落的生活紋理，亦配合園區的員工及其眷屬配置鄰里生活所需之空間。在實際的開發手段方面，高雄市政府亦於本計畫區採用市地重劃與區段徵收取得公共設施、建築用地等，共有11處市地重劃區與3處區段徵收區（如圖4-4右）。

圖4-4　2016年楠梓加工出口區、後勁及右昌一帶鄰近地區細部計畫土地使用分區暨市地重劃、區段徵收分布圖

圖片來源：《變更高雄市都市計畫（楠梓加工出口區、後勁及右昌一帶鄰近地區）細部計畫》，高雄市政府，2016年。

　　楠梓地區最早的聚落集中於右昌與後勁兩地，日治時期由於鄰近橋頭而有了因應製糖產業而興起的發展痕跡。日本政府於1943年在兩聚落之中心處的半屏山麓興建了海軍第六燃料廠，是為中油煉油廠的前身。1946年成立的高雄煉油廠在極盛時期員工數達3,000人，然而相較於楠梓加工出口區高達4萬人的就業人口，煉油廠在當地所產生的影響力就略顯不足。

　　此外，楠梓加工出口區有別於中油煉油廠的封閉與單一園區式的發展，配合都市計畫規劃以及市地重劃的手段進行開發，對於地區型商業與新開發住宅社區有明顯的帶動效

果。位於加工出口區北面靠近後勁溪的翠屏里以及西側的加昌里變動最為明顯，由航照圖可見其地貌由原先的農地轉變為都市計畫開發後的街廓與建築（如圖4-5）。

1944年

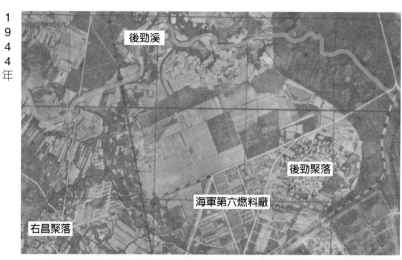

1948年

**圖4-5 加工出口區周邊1944、1948、2020年航照圖**

圖片來源：中研院地理資訊科學研究專題中心——台灣百年歷史地圖，檢索日期：2021.06.10，取自：http://gissrv4.sinica.edu.tw/gis/kaohsiung.aspx。

## 園區規劃構想與制度

　　加工出口區是結合自由貿易區與工業區兩種機能的產業群聚區，有專屬的法律與管理權責單位，依《加工出口區設置管理條例》規定，一切建設和管理的權責集中賦予經濟部加工出口區管理處，在行政程序上有明確且可依循的指導。在出口區中，透過租稅優惠、簡便的手續以及完善的法規，為投資者解決設廠、營運等各種問題，使建設加工出口區成為最理想的工業投資場所。

　　在租稅優惠方面，加工出口區全區為免稅區，於加工出口區投資設廠可享受的優惠包括：關稅、貨物稅、營利事業所得稅、營業稅等稅類的免徵或減徵。此外，為鼓勵園區內中小企業創造就業機會，中央機關亦得補助其增僱人員；為鼓勵園區的國際化與外國投資，園區也鼓勵其相關企業在中華民國境內申請設立達一定規模且具重大經濟效益之營運總部。

　　整體而言，加工出口區的事權統一、手續簡化，針對投資者的眾多優惠，且提供建設廠區的土地、相關服務與設施齊備（社區備有倉儲運輸、衛生保健、醫療、日用品、餐廳、住宿、郵局、電訊、電力、自來水等），對於企業有強大的吸引力，也供給良好的環境為產業發展鋪路。截至2020

年止，楠梓加工出口區（已於2020年3月更名爲「楠梓科技產業園區」）共有84個事業單位登錄於園區內，包含日月光等半導體製造、電子、資訊等科技公司（如圖4-6）。

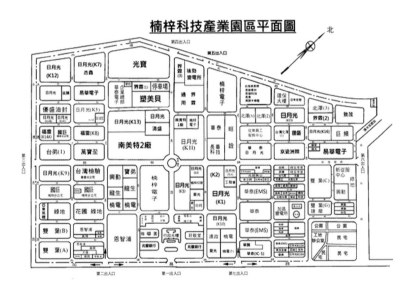

圖4-6　楠梓科技產業園區平面圖

圖片來源：經濟部加工出口區管理處，檢索日期：2021.04.12，取自：
https://www.epza.gov.tw/page.aspx?pageid=79285697a9c68b88。

## 今天的科技產業園區

近年來，經濟部加工出口區管理處持續推動各園區的更新與產業提升計畫，楠梓加工出口區於2016年推出「鑽石場域更新計畫」，以「週轉更新」政策，異地先建、再搬、後拆方式，逐步更新園區老舊廠房。吸引日月光、華泰、興勤、宏璟建設等廠商參與投資，總投資額高達約406億元，是加工區史上最大聯合投資案。此一計畫瞄準四大目標：解決缺地問題、擴大民間投資、優化經營環境，並且加速園區更新。

為配合產業趨勢、增強加工出口區之「科技」能量，2020年3月加工出口區正式更名為「科技產業園區」。過往台灣重要科技產品如半導體、顯示器、光學、電子零組件等，皆是由加工區引進，目前該等產業廠商產值占比仍超過八成。未來，「科技產業園區」將持續孕育更多科技產業，成為台灣落實「亞洲高階製造中心」與「半導體先進製程中心」政策的重要基石。

## 後記

產業對於城市的重要性建立在其對於整體經濟的推動、創造就業機會、提升GDP等，賦予城市、甚至整個國家更加

強壯的競爭能力。如今台灣的高科技產業能在國際中占有一席之地，當年的產業轉型政策與輔助的政策措施功不可沒，加工出口區就是創造這樣條件的空間場域。結合行政與產製、研發，甚至生活的需求，加工出口區滿足了前來投資的廠商、被投資的在地廠商、前來工作的居民等。加工出口區在台灣所創造的卓然成果，包含以下幾點：拓展對外貿易、累積大量順差、吸引工業投資與技術、增加就業機會，甚至協助友邦進行效仿、開發，為經貿外交貢獻了成績。

現今加工出口區已不再從事早期高勞力密集的加工出口業，為彰顯園區轉型有成及區內產業高度科技量能，其更名為「科技產業園區」，「加工出口區」一詞正式在台灣走入歷史。近年來，5G、物聯網、AI人工智慧技術逐漸純熟，應用於工業生產也將成為產業的主流，象徵工業4.0的時代即將來臨。未來工廠將逐步在5G網絡的基礎下，透過人工智慧（AI）、物聯網（IoT）、機器學習、雲端運算轉型成智慧工廠。如何運用先進技術，結合工廠封閉型的場域，有效改善產線流程、進而提升產製效益？而在人工需求銳減、產線布設調整等變化下，工業區的形式勢必再度轉型，智慧製造與空間、城市的互動，也值得持續探討。

# 篇章 2

## 先求有，再求優：
## 城市品質與機能的
## 完整化

時間：1970-1990

# 前言

　　1970年代之後，台灣的社會、人口、經濟都面臨劇烈的轉變。就社會面向而言，對外經歷了國際外交挫敗，1971年退出聯合國後，1972年、1979年相繼與日本、美國斷交；對內，1980年代解嚴之後的民主化、本土化風潮，延續到1990年後，各方掀起爭取言論自由、居住權利、環保等議題的社會運動，大眾對於自身身處的土地更加有感，某種程度進而影響城市政策的執行。

　　在人口面向，1970年台灣的都市化程度達到55%以上，全台灣有超過一半以上的人口住在都市計畫區內；而到1990年，台灣的都市人口比例已達近70%，遠超過同時期的全球平均值44%，與當時已開發國家如美國、日本相去不遠。此時台灣前兩大城市：台北、高雄，人口數量也都有了明顯的增長——台北市在1990年突破250萬人，高雄市也達到近140萬人[2]。

---

2　文中敘述各時期人口數量與都市化資料，係參考自行政院主計總處與經濟建設委員會都市及區域發展彙編。

　　就經濟層面而言，1970年代是台灣出口快速擴張的時期，政府積極推動「十大建設」，除充實鐵路、機場、港口、電力等基礎建設外，並積極發展石化、鋼鐵等資本密集產業，有效促進產業快速升級。1980年代之後則開始醞釀知識密集的高科技產業，此時工業與服務業的GDP比例分別落在45%與47%左右，農業的GDP比重相較1970年的15%已經跌到8%以下，可以明顯看到農工比重翻轉的情形；到了1990年，資訊科技產業 （IT） 蓬勃發展，帶動台灣工業順利轉型、升級，服務業則更進一步超越工業約13%的幅度，台灣的經濟結構已經轉型為以服務業、科技密集型產業為主。平均每人國民所得由1970年的14,550元，到1990年大幅提升至202,181元[3]。

　　在這樣的社會經濟背景之下，有了前30年的根基，台灣都市逐漸朝向完整化的城市機能邁進。1970、1980年代，有因應城市成長、縣治搬遷執行的都市計畫區段徵收，有回應產業轉型設立的科學工業園區；1980年後的台北市在此時期則進行了一系列加強基礎都市建設的作業，有因應水源穩定供應首次擬定的水源特定區計畫、為完善都市生活的大型

---

3　文中敘述各產業GDP比例與平均每人國民所得係參考自行政院主計總處。

公園開闢、因應城市核心轉移進行的副都心計畫區以及商業徒步區的實驗等。各項計畫都呼應城市發展階段，基於完善都市品質與運作機能考量的建設開發，皆爲在台灣首次或具特別意義的嘗試經驗，也是台灣跳脫過往執行他國經驗移轉的時期，開始展現、落實在地對於城市空間規劃的眼光與執行。

# 1972年　都市計畫區段徵收之始：竹北都市計畫

　　城市的發展土地乃關鍵要素之一，而政府部門對土地取得的方式包括徵收、市地重劃、設定地上權、公地撥用、協議使用等。其中，「徵收」是一種由國家依法向人民取得土地的方式。徵收的類型有一般徵收與區段徵收，前者通常用於興辦公益事業（如：國防、水利、交通建設）或實施國家經濟建設；後者則多運用於新都市開發、舊市區更新以及非都市土地開發。向人民徵收後的土地，得以由政府依照規劃藍圖進行實質的開發作業，進而達成後續的計畫，使都市朝向規劃圖紙上的模樣發展。

　　近年來，都市計畫區段徵收的爭議案件不乏躍上媒體版面者，如：桃園航空城、苗栗大埔。區段徵收到底是什麼？它究竟是土地開發的良方還是迫害地主的毒藥？回過頭來看，台灣執行區段徵收的案例其實不勝枚舉，包含新竹科學工業園區、台北大學特定區、高鐵站的特定區計畫等，都以區段徵收的手段完成土地的取得。事實上，區段徵收的執行歷史可以更早推回至1970年代，位於新竹縣的竹北都市計畫

地區，正是台灣首批辦理區段徵收的都市計畫之一。本案例期望藉由此早期辦理區段徵收的都市計畫地區，與其後續的發展景況，檢視區段徵收手法執行，也概述其內涵與執行爭議，給予讀者簡要的區段徵收知識與理解。

## 竹北都市計畫的源起

　　竹北市位於頭前溪、鳳山溪下游的沖積平原，是新竹平原的一部分。在縣政府將縣治設於此前，竹北鄉是一個人口少，以農業為主的純樸鄉鎮。隨著經濟發展及縱貫鐵路、省道台一號和其他主要道路之開闢，部分居民逐漸遷居於交通動線上，形成市街都市化地區；另部分則逐漸集中建築於耕地附近形成農村社區。竹北地區的主要發展原先分為三大聚落：原都市計畫區（1972年施行的竹北都市計畫）、斗崙地區，以及如今高鐵特定區的六家地區。

　　1982年縣市分家、縣治搬遷之後，竹北的第二期都市計畫「竹北（含斗崙地區）都市計畫區」公布施行，地點緊鄰舊竹北都市計畫區的東南邊，也是新竹縣治的所在地。都市計畫之開發分為兩期，為在地俗稱的「縣治一期」與「縣治二期」，這兩期的開發正是採用區段徵收進行，也是台灣最早執行區段徵收的都市計畫區之一（如圖5-1、圖5-2）。

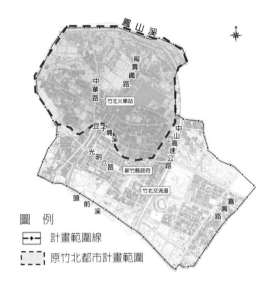

圖例

計畫範圍線

原竹北都市計畫範圍

### 圖5-1　竹北（含斗崙地區）都市計畫範圍

圖片來源：變更竹北（含斗崙地區）都市計畫（第四次通盤檢討）案（含都市計畫圖重製）計畫書，新竹縣竹北市公所，2016年。

圖一　原竹北都市計畫示意圖

竹北都市計畫

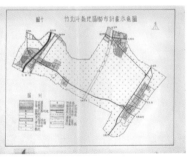

竹北（斗崙地區）都市計畫

### 圖5-2　竹北地區都市計畫圖

圖片來源：內政部城鄉發展分署，檢索日期：2021.05.29，取自：https://www.tcd.gov.tw/download02_search.php?ci=新竹縣。

## 規劃錦囊：區段徵收究竟為什麼？

### 「區段徵收」是什麼？

根據內政部地政司的說明，區段徵收是政府基於新都市開發建設、舊都市更新、農村社區更新或其他開發目的需要，對於一定區域內之土地全部予以徵收，並重新規劃整理。開發完成後，由政府直接支配使用公共設施用地，其餘之可供建築土地，部分供作土地所有權人領回抵價地之用，部分作為開發目的或撥供需地機關使用，剩餘土地則辦理公開標售、標租或設定地上權，並以處分土地之收入抵付開發總費用。

簡單而言，區段徵收是政府開發素地的方法，土地自原所有權人手上徵收之後，地主可以選擇領補償費，或領回土地（稱為抵價地）。過程通常涉及土地使用分區的變更，例如：農地變建地，當中的地價差異係作為補償與領回土地的計算依據。與一般徵收相比，區段徵收的補償可以選擇金錢或是土地，但地主同樣喪失土地所有權；與市地重劃相比，市地重劃常用於都市計畫區，而區段徵收通常涉及分區的變更；就領回土地的比例而言，區段徵收通常不會超過計畫範圍的45%，而市地重劃則可能達到50%、60%以上（三者比較如表5-1）。

表5-1　一般徵收、區段徵收、市地重劃比較表

| 項目 | 一般徵收 | 區段徵收 | 市地重劃 |
|---|---|---|---|
| 實施主體 | 僅限於政府 | 僅限於政府 | 分為公辦與自辦 |
| 土地權屬變化 | 地主喪失所有權 | 地主喪失所有權；領回抵價地者除外 | 地主保有所有權 |
| 補償分配 | 地主僅領取徵收補償費 | 地主可選擇領取徵收補償費或領回土地（抵價地） | 以交換分合方式按原位次分配 |
| 使用時機 | 作為國防事業、公用事業、交通事業、水利事業、公共衛生與環境保護事業等。 | 都市或非都市土地因新都市開發建設、舊都市更新、農村社區更新或其他開發目的需要，涉及使用分區變更。 | 依照都市計畫規劃內容，將一定區域內，畸零細碎不整之土地，加以重新整理、交換分合，並興建公共設施，使成為大小適宜、形狀方整，各宗土地均直接臨路且立即可供建築使用。 |

資料來源：內政部地政司網站改製，檢索日期：2021.05.29，取自：https://www.land.moi.gov.tw/chhtml/landQA/55?qphclass=&pagenum=7。

## 區段徵收是惡法？爭議在哪？

　　區段徵收是政府公權力強力執行的手法，它一方面直接與人民的財產權產生衝撞，一方面為口袋不深的地方政府籌措開發地區的經費。對於私有或私用狀態的破壞，必須轉換成相對應之價值作為補償。在徵收土地之中對於原地主所剝奪的土地財產權，區段徵收給予的就是金錢補償或者抵價地的分配。

　　從法律當中給予區段徵收的實施法源，參考《平均地權條例》、《土地徵收條例》皆表明：新都市地區、舊都市區、新都市社區、農村社區得報經行政院核准後施行區段徵收。《都市計畫法》第58條則再度強調，「縣（市）政府為實施新市區之建設，對於劃定範圍內之土地及地上物得實施區段徵收或土地重劃。」實際執行上的運用，通常落在新訂、擴大都市計畫地區（特定區計畫），例如：高鐵站特定區計畫、科學工業園區特定區計畫、新市鎮特定區計畫等。當這些原本一片荒漠的土地劃入了都市計畫範圍內，便可能依照計畫內容辦理區段徵收，進而執行土地使用分區變更、執行或導入開發建設，而有「麻雀地變身鳳凰城」的效果。

　　現今區段徵收面臨了三個面向的爭議：範圍、價值，以及公益性、必要性的衡量。

・**範圍**：根據上述《都市計畫法》第58條，在都市計畫擬定的過程中執行區段徵收的範圍已定，然而範圍的大小、界線是如今最常被討論的細節，例如：桃園航空城計畫。究竟要畫多大？徵收的範圍需要多廣？

・**價值**：區段徵收後完成開發的土地，到底價值如何訂定？暴增的土地價值實為地區發展起飛的帶動，又或者僅為數字上的變化？領回抵價地的與被徵收土地比例由《平均地權條例》設定為40%-50%，這樣的數字是否合理？每一個案間難道不會存在差異？

・**公益性、必要性、適當性及合法性**：都市計畫是區段徵收的上位計畫，都市計畫當中對於實施區段徵收範圍的公益性、必要性須足夠明確，對於財務及開發計畫也要有詳盡的規劃。內政部營建署2011年曾發布函文說明都市計畫草案階段以區段徵收辦理，應與地政主管機關之聯繫配合，須辦理公開展覽會進行說明，確保區段徵收之可行性及維護被徵收土地所有權人權益。

## 其他國家怎麼做？

徵收並非台灣獨創的開發方式，其實回推最早期在台灣執行徵收的法律為日治時期的《土地收用法》，目前也為日

本土地徵收的主要依循法律。簡單比較我國的區段徵收與他國的土地徵收，牽涉到行政系統差異、土地概念，與人民所有權、財產權等根本性理念差異。除了實際運用上台灣似乎使用區段徵收的時機與頻率頻繁，以公益性與必要性的判斷說明，美國與德國的系統採取較為嚴格的審查與判斷機制。

在美國，需用土地人申請發動徵收權時，係由司法機關就申請者擬申請發動徵收之公共利益進行審查，對於興辦事業之性質、申請者之身分、發動徵收權之必要性等為公共利益之價值判斷。而在德國，間接的公益性則通常不會被接受，例如：徵收土地以達成工業區之開發，而工業區之開發預期可以帶給地方經濟發展。這時候，「徵收土地是為了經濟發展」這樣的推斷性論述，參照德國基本法的判例結果，這樣的間接性公益並不被接受。

透過目前爭議的反思以及他國經驗的比較，可以理解目前在台灣區段徵收除了「範圍」常受到討論，「公益性」也有模糊解釋的爭議存在，是故對於這樣強力公權力執行的法定工具，勢必需要更加審慎地使用。

## 今天的竹北

竹北縣治的都市計畫區段徵收，第一期119公頃於1990年完成，第二期324公頃也於2002年完成。原舊市區的竹北都市計畫與竹北（含斗崙地區）都市計畫於2005年合併，並在2021年間辦理第五次通盤檢討作業公開展覽。在這逾50年間，竹北地區的變化明顯收到南面的新竹科學工業園區所影響，許多新竹的重大投資計畫逐漸北移，也吸引了許多竹科的人口。加上2006年六家地區的新竹高鐵站正式通車，交通的便利性也讓竹北地區在交通條件、研究與產業量能都受到正面影響，成為了新興發展的城市之帶，在2007年前後的人口社會增加率飆升至5%上下，成為全台第一。當時總人口僅僅10萬人的竹北市，單單 2006、2007兩年人口就增加了1萬4,000人。

圖5-3　竹北地區發展現況空照圖（由中山高速公路看向竹北都市計畫地區）

圖片來源：新竹縣竹北市公所，檢索日期：2021.05.29，取自：https://www.chupei.gov.tw/iframfilmview.php?menu=740&typeid=740&film_id=161。

　　對於未來的願景，竹北設定為「科技學產文化新城」，期望結合科技學產發展教育新創，達到產業升級、創造聚集經濟效益；發掘舊市區歷史文化，打造竹北休閒遊憩新據點；提倡綠色交通運具，建構生態永續發展都市。竹北地區憑藉著交通條件與新竹科學工業園區的發展量能，幾年來重大建設投資不斷，地區發展呈現與50年前樸拙的農村相比，可為「麻雀地變鳳凰城」的候選代表。除此之外，自1999年起延宕至今的新竹高鐵站東側「台灣知識經濟旗艦園區」（台知園區），近年也不斷躍上新聞媒體，當中對於區段徵收的討論則又是另一個篇章了。

圖5-4　竹北地區發展空照圖（高鐵新竹站周邊）

圖片來源：新竹縣竹北市公所，檢索日期：2021.05.29，取自：https://www.chupei.gov.tw/iframfilmview.php?menu=740&typeid=740&film_id=161。

## 後記

過往區段徵收爭議而衍生的反迫遷議題，顯示有些人不希望納入區段徵收，認為區徵開發強迫搬遷；然而，其實也有部分人考量日後開發環境改變下，個別居住環境亦會變化而希望被納入區段徵收。在公共利益的驅動下，能夠真的兼顧私人利益嗎？「想搬搬走，想留留下」的理想，制度面與實務上真的可行嗎？少數決？多數決？所謂「公共利益維護」，是個必須持續面對與探討的課題。區段徵收運用得當可以有效執行都市計畫；運用失當，則可能賠上民眾權益及對於政府的信任，甚至影響都市計畫的執行與開發推動，使得地區發展陷入停滯。

回歸都市計畫的本意，是為改善居民生活環境，為地區創造發展良機進而回饋到民眾身上。竹北地區都市計畫在50年前採用了區段徵收的方法，順利進行土地的開發，也塑造了竹北市的完整生活機能，達成階段性的發展目標。至今竹北地區持續配合竹科吸納相關人才，甚至發展台灣第一個民間成立的科技園區，種種現象都顯示城市的持續發展動能仍不間斷。

若是觀察全台灣區段徵收的執行，至今仍廣泛被運用在台灣各種開發標的。截至2018年12月底全國已辦理完成區段

徵收地區計122區，總面積約9,468公頃，取得公共設施用地約4,359公頃，節省政府建設費用約4,374億元，提供可建築用地面積約5,112公頃（李得全、謝一鋒，2019）。綜上，可見區段徵收仍有其使用的益處，針對如今政府普遍想解決的公共設施用地取得，也隱約浮現一條解決的可能之路。總結區段徵收現今被濫用的爭議——範圍、價值，以及公益與必要性，這三點實為未來此工具利用必須審慎考量的重點。規劃者與執行者同需回歸都市規劃的初衷，秉持著回饋民眾、幸福生活的信念去執行，方有機會為地方打造可實現且利益共享的未來。

# 1980年　風城的台灣之光：
# 新竹科學工業園區

　　台灣引以為傲的半導體及光電產業與科學工業園區可謂相依相存，40年前，此類新型產業模式也開啟了產業發展與空間規劃的新對話。科學工業園區的設立講求人力資源與研究量能，以R&D（Research and Development）為核心的知識型密集導向，在區位選定與空間利用的思維上，與過往工業區的設立條件有根本性的差異。

　　科學工業園區的建立提供了空間塑造產業群聚的契機，使得台灣得以從原先的勞力密集型產業，到簡單裝配、研究強度較低的加工出口區，再轉型、躍升為不同層次維度的高科技產業。科學園區之中的領頭羊——新竹科學園區，在當時肩負這項產業政策的重責大任。以都市計畫角度而言，在最初計畫擬定之時，如何結合空間計畫與產業引進的構想呢？

## 1970年代產業轉型的疾呼

　　1960～1970年代，回顧台灣的工業發展進程已跳脫農業社會的過去，進入以工業為主要外匯收入、國內基礎建設

維繫的時期。第一種工業是加工裝配後的出口工業，也是當時主要創造台灣大量外匯收入的來源，面對低工資國家的競爭，台灣在此類工業的發展產生一定程度的困難；第二類工業則為重化工業，如：鋼鐵、石化、造船等。前者剛好回應本書的「楠梓加工出口區」案例，而後者則可對應至「高雄亞洲新灣區」的發展背景。這兩種工業作為台灣當時主要的發展類型，當局政府考量國際趨勢與可能的發展瓶頸，認為必須導入第三種工業類型，以國家為主力進行發展。

就產業的發酵緣起，為什麼第三種工業最終決定為半導體產業？其導入可以回溯至加工出口區。台灣為美國的電子大廠進行勞力密集型的最下游基礎裝配，與掌握核心技術的美國公司有了交流，而後國內許多業者與外資企業公司合作培養了國內人才，台灣在這方面的科技有了根基，並拓展至研究面向。交通大學也在1964年設立半導體實驗室，1974年工業技術研究院成立「電子工業研究發展中心」（今工研院電子所），負責積體電路工業的推展。

在政策面向的考量上，1970年代台灣的政治外交面臨巨變，包含：退出聯合國、中日斷交和釣魚台事件；同時，世界正經歷停滯性通貨膨脹的經濟衰退以及石油危機，台灣的出口市場與石化產業受到很大的衝擊，更加深當時政府為產

業結構擬定全新方向的決心。台灣此時決定在國家的主導下
投入積體電路產業。

## 拍板定案：落腳新竹的決定

　　前國科會主任委員徐賢修先生於新竹科學園區二十週
年專刊曾回憶道，當時對於科學園區的選址考量因素如下：
1.科學園區設立的目的及對政治、經濟、教育和國防的影
響；2.需有大面積供園區發展之用；3.要有研究發展環境，
讓研究人員與工作人員有充分溝通的機會。

　　而1977年的「科學工業園區籌建計畫草案」（國科會、
經濟部、教育部報告），當中針對設立科學工業園區的意義
與目標有著詳盡的說明，對於選址新竹則爰引美國兩大成功
的科學園區，皆因周邊有著名學府環繞。例如：麻州科學工
業園區，因鄰近哈佛大學、麻省理工學院等學術機構，而成
爲科技發展中心。又如舊金山Palo Alto之科學工業園區，亦
因史丹佛大學、加州大學等人文薈萃，發展成全美第二大工
業園區。

　　參考美國的經驗，台灣科學工業園區應落腳新竹最爲適
當，因該區已有優良之學術教育環境：清華大學、交通大學
工學院、工業技術研究院（聯合工業研究所、電子工業研究

中心）等，亦鄰近中央大學及中科院。加上原土地使用現況單純，科學園區的計畫遂拍板定案落腳在新竹，後續開始了進行土地徵收等取得事宜。

## 計畫基本介紹

以「建立對高級技術人員及投資者具有高度吸引力的工作、居住及投資環境」為計畫總目標，期望藉由此園區推動來帶動資本密集和技術密集的工業之進步與發展。配合經濟發展之需要，建立優良之研究環境，促進高級技術之發展，使我國之工業技術更邁進一步，成為高度發展國家，基於政治、經濟、教育、國防等重要意義，而促使新竹科學工業園區特定區計畫發布實施。

・**計畫範圍**：北以新竹市光復路為界，南以寶山鄉丘陵線及客雅溪為界，西至交通大學及青草湖風景區，東止於竹東鎮之二重埔，並為東西向狹長形地區，共約2,101.7公頃。

・**計畫年限**：自1979年至2004年，計畫年期共25年。考量計畫為國內首創，未來之發展速度及型態未有完全的把握，為求發展之彈性，以5年為單位分兩期發展（如圖6-1），而後視情形予以通盤檢討。

・**規劃原則**：1.園區之規劃應對未來之發展具有彈性；2.園區之規劃應達到初期發展投資及長期維護管理費用經濟合理之要求；3.園區之發展應與鄰近地區及其自然環境有良好之關係；4.區內之設施及各類活動之分布應配合行政及管理作業。

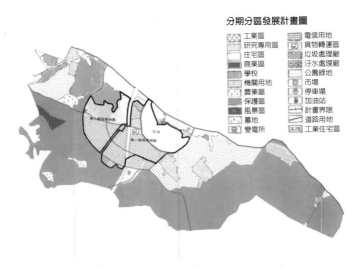

**圖6-1　新竹科學工業園區分期分區發展計畫圖**

圖片來源：《擬定新竹科學工業園區特定區主要計畫書》，1980年，取自新竹市都市計畫服務網。

　　整體園區的配置保留規劃區南側及南側山坡地為保護區或農業區，工業用地與研究專用區設置中部之地形較平地區，同時配合周遭研究機構、學校之發展規劃，以其便捷性提高學術研究氣氛。管理及服務活動位於全區之中心地帶，

以發揮功能。計畫區之主要道路系統，採環狀路網之形式。爲避免穿越性之交通，主要幹道以略呈半圓形之環道爲主。

在實際土地使用面積分配上，工研院原本所屬的工業區轉變爲「研究專用區」，其與工業區、零星工業區約占整體計畫區面積的9%，主要分布於國道一號兩側。作爲供應研究人員住宿的工業住宅區，則分布在工業區之東北角（如圖6-2）。

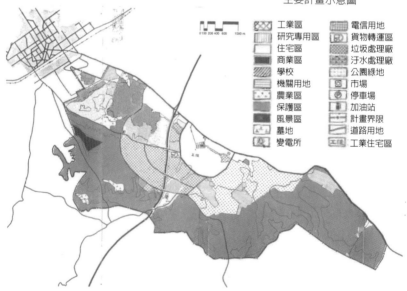

**圖6-2　新竹科學工業園區土地使用分區圖**

圖片來源：《擬定新竹科學工業園區特定區主要計畫書》，1980年，取自新竹市都市計畫服務網。

## 初期產業的引進

　　在計畫書中，除了針對計畫發展順序區分了第一、二期，也在引進產業的類型上做了設定，條件包含：1.已有高科技初次產品而且在成長中的公司；2.有廣大市場及高利潤潛力之公司；3.生產過程中需要較多科技人力且其技術層次易在台灣生根之工業；4.對台灣之財政、經濟及國防有助益之工業。以上條件之外，公司皆必須具有設計及研發能力。

　　而在1980年新竹科學工業園區甫成立之初的廠商有13家，生產IC元件者有聯華電子、沖達電子、大王電子；生產小型或微型電算機系統者有王安電腦、星茂電腦等。其餘包括生產矽晶原料的中美矽晶，生產通訊器材的東訊、華新麗華，生產雷射光學零組件的光儀公司，產製石英振盪器及濾波器的頻率科技，以及引進高壓水切機的福祿工業（蔡偉銑，2014）。

**圖6-3　新竹科學工業園區開幕日**

圖片來源：文化部國家文化資料庫收藏，原圖由中央日報所拍攝。

## 科學工業園區的特質

　　新竹科學工業園區係為一種將新知識應用生產並商業化的高知識型工業類別，而此類的群聚工業系統僅存在於世界少數地區，相較於一般工業區的成立條件，有著更為複雜的背景。原因在於：創新與技術改變的系統強調的不是分散各地的合作，而是「群聚」在高科技創新區域。群聚所帶來的環境效益，包含：空間的鄰近性、知識外溢、廠商互動的作用網絡、技術基礎，以及相關的社會成本等。換句話說，雖

然今日的通訊成本已大幅減少，但是高科技事業創新活動在空間集結的過程，基於新創知識的模糊性與不確定性，仍然必須強調「面對面的互動」，使知識的積累得以流動，故群聚的空間臨近性仍使得新竹科學工業園區持續擁有提升地區產業競爭優勢的動能（胡太山、解鴻年、王俊堯，2002）。

除了園區本身的空間群聚對於高科技知識產業的發展助益，生活品質已成為科技園區在區域發展策略中一個主要的競爭項目。為了吸引知識塔頂端的科技人才，高科技產業傾向建立並提供高品質的生活與工作環境，以確保能吸引和留住人才。因此，良好的交通便利性、優質的居住環境成為新竹科學工業園區規劃的另一個特點。有別於過去加工出口區僅強調產業專區的形式，新竹科學工業園區的都市計畫直接劃定與園區相鄰的住宅區，有著附設雙語部的實驗高中、中小學，企圖創造高品質、符合科技人才生活所需的公共設施與住宅環境。

## 自成一格「高級城」？

也是這樣獨樹一格的生活圈規劃，來自在地的不同聲音逐漸浮現。園區內擁有高級管理且專攻技術人員消費的保稅區，同時也由國家主導規劃並興建吸引企業員工的住宅空

間，加上象徵明日科技典範的「新竹科學城」對地方而言，更帶有某種意識型態的崇高傲視，加深了新竹當地的利益分配與科學園區所造成外部性的問題，園區內、園區外形成兩個截然不同的社會環境。此外，快速增加之廠商數與遷入之就業人口，造成園區內外與周圍環境產生交通壅塞、環保及住宅、商業、休閒空間供需失調等問題。在早期曾有研究顯示，地方政府及人民不認為園區帶給地方實質利益，「園區」與「新竹」是兩個不同的國度；而園區內資方普遍認為地方建設無關乎其企業責任（陳冠甫，1992）。

## 園區的期許

　　新竹科學園區的廠商數在2018年突破500家，2020年的營業額一再破兆、創新高，幾家重要廠商早已成為國際上足以代表台灣的廠牌：從最早的宏碁電腦到獨霸台灣IC設計的聯發科，甚至今日因先進製程大幅領先全球，成為所謂「護國神山」的台積電。其中，晶圓代工穩穩位居全球龍頭，全球市占率高達近七成。強勁的產業力量連帶地促進了地方的發展——吸納大量就業人口、人均年所得成長快速，相關民生消費與商業的設施也多受新竹科學園區所影響，新竹與科學園區幾乎劃上了等號。

　　面對高度變動而競爭激烈的全球產業環境，園區除維持原有的優質基礎建設及單一窗口服務，也積極構建產學訓交流平台；2020年度也持續優化投資環境並加強產業的永續發展，包含投入新竹園區寶山用地第二期擴建計畫、竹科X基地籌設計畫、生醫園區第三生技大樓興建及銅鑼園區汙水廠功能提升等方案，期待讓園區內部的服務水準更上一層樓。

## 後記

　　竹科的發展奠基於國家重要政策的驅動力之下，如同早些時候的加工出口區，利用專業園區的建置為企業、廠商提供符合發展需求的空間與制度。與加工出口區不同的是，科學工業園區的研究與科技量能更加集中、也更先進，彷彿追隨著世界發展的腳步，科學園區的產業一直走在最先鋒，至今仍是如此。

　　另一方面，在「自成一城」的論點上可以看到當初部分被討論的「圍欄式工業區」、「租界」的說法，描述了園區內部獨立於新竹其他地區的景況，科學園區彷彿是個城中城，負擔著自己的生活機能，也僅代表著自己的榮華富貴。園區的管理局曾設立「公共事務推動小組」，統籌運用園區資源，期望與在地社區有效互動。而這樣的聲音也顯示了最初規劃的在地對話性似乎仍不夠，爾後的台南科學工業園區

則試圖打破「欄杆」的範圍設定，不在園區內劃定生活需求的分區，期望以周邊的都市計畫輔佐提供所需的生活機能，順勢帶起周邊地區的發展。

　　新竹科學工業園區作為一個巨大核心的成長極，以「專區」的形式吸引其周邊外圍地區的資源向核心不斷地遷移和聚集，然而與地區城市是否形成良性互動？而怎麼樣的專區才能促進區域平衡發展？這或許是隱藏在各產業專區、園區背後的重要議題，也是除了產業卓越成果外的地區發展省思。

圖6-4　新竹科學工業園區空照圖（由園區一路向北方之頭前溪拍攝）
圖片來源：文化部國家文化資料庫收藏，原圖由中央日報所拍攝。

# 1980年　台北副都心的偉業：信義計畫區

　　台北市身為台灣的首善之都，其都市計畫的進程自1980年代起有了明顯的發展。1970年代，西區舊城區發展已逐漸飽和，政府在考量人口持續增長、住宅逐漸短缺等情形，遂有了建設副都心之構想。信義計畫區就是承載著副都心的建構理想而生的計畫，現今所見匯聚台北市行政中心、國際會議與展示中心、精品潮流百貨，以及囊括台灣最高樓台北101的天際線。如何透過都市計畫方法一步一腳印，由一片素地進而達成開發，推使台北市晉升為國際城市的行列？

## 副都心的計畫緣起、轉折

　　1970年代末期台北原主要商業重心西區的發展逐漸達到飽和，西門町與中華路一帶欣欣向榮的商業景象背後逐漸浮出交通、商業環境等問題。與此同時，台北市整體都市計畫的構想逐漸成熟、整體人口持續增長，住宅與新的商業用地的需求促使市政府衍生副都心的計畫想法。

原先的副都心計畫其實為1970年代初期的「營邊段新社區」計畫，該計畫預定在舊城邊緣地帶（今日中正紀念堂一地）建構一個台北的第二商業中心，然而該計畫在1975年因蔣介石先生過世而調整更改計畫為紀念堂，經過競圖的徵選規劃後，該區成為了結合中正紀念堂、國家戲劇院與國家音樂廳的藝文、公園性質的紀念廣場。

「營邊段新社區」計畫停止後，市府遂將目標改為國防部所屬聯勤兵工四十四場原址大面積土地，原預計遷移以興建國民住宅，後經政策協調，將地段為國防部土地及私有土地合併的約153公頃土地，採市地重劃土地處理方式，整體規劃開發為副都心計畫，遂有信義副都心之規劃與開發，也就是今日所稱的「信義計畫區」。

## 「台北市信義計畫都市設計研究」構想與計畫概述

信義計畫區最初由KMG郭茂林建築事務所進行設計規劃，也是台灣首度引進包含都市設計、建築發展強度管控的完整計畫。本計畫也因為參考了日本的新宿副都心案例，而從原先市政中心、住宅的主要機能，增加了商業這塊發展的面向。以下針對KMG的設計構想中，計畫目標、土地使用到都市設計，三個面向進行說明。

・**計畫目標：**邁向1980年代的台北市，正處於急速發展與城市第一次大改造的階段，隨著台灣工業逐漸步上國際軌道，一個真正能與國際接軌的首都更顯得重要。信義計畫區的設計目標有三：雙核心都市發展之確立、城市競爭力之創造，以及都市生活品質之提升。

・**土地使用：**以仁愛路與基隆路交叉處配置市政中心，南側配置世界貿易大樓：面對市政中心，沿街道路之部分設高密度商務街（商業地區），並將中央日報、中國電視等大規模業務設施配置在鄰接著市政中心及世界貿易大樓之基地上。與計畫地區東側之道路相接的部分，配置以業務、住宅大樓為主之商業區。由於本地區隔著道路與住宅地相對，計畫區東側配有「行人購物街」，兩端的基地配置區政中心及轉運站等機關用地（如圖7-1）。

・**都市設計：**此時期台灣尚未納入都市設計或是容積率的訂定，在此版KMG的設計當中也是台灣首度引入容積率的概念。在都市設計中，主要設有建築高度、容積率、開放空間設計、人行道與景觀等規劃。高度部分配合市政中心的高度進行設定；人行道與公共開放空間則納入「人車分離的道路系統」與「商業購物徒步街」的概念，包含因應氣候與購物需求的適宜步行區規劃、騎樓整體連續性等等。

　　此外，KMG所提出的「超大街廓」企圖爲各開發基地設定最小開發規模，商業區內要求以全街廓、1/2街廓或4,000m$^2$之最小基地規模開發，以塑造現代化、國際化之企業總部形象。種種設計規劃的內容爲信義計畫區訂立最初的規劃基礎，也在計畫中可以看見台北市於此時期正式引入國際整體城市規劃思維，納入都市計畫之中實行。過往依賴美援資金與技術的時期已過，此時的台北市規劃量能如同藍圖中的信義計畫區，已逐步到位。

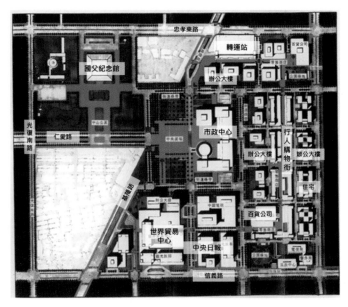

**圖7-1　1970年末期由KMG設計之信義計畫區構想圖**

底圖來源：台北市景觀綱要計畫網站──重要景觀地區都市計畫區信義計畫區，檢索日期：2021.05.23，取自：https://mail.tku.edu.tw/094152/xy2.htm。

## 1980～1990年　都市計畫頒布及市地重劃與部分開發

　　1981年正式公告《擬定台北市逸仙路、基隆路以東、忠孝東路以南、信義國小附近地區細部計畫暨配合修訂主要計畫案》，土地使用分區的配置，大致實現了KMG當初所協助建立的初步設計構想。對於土地使用管制的項目包含：建築物之高度比不得超過1.5、院落規定、最小建築基地、臨棟間隔等等，此外針對騎樓與人行通道也有整體性的設定。1987年土地重劃作業完成，而後正式開啓公、私部門開發的階段。直到1990年初，完成於此階段的重大建築有：世貿展覽中心、國際會議中心、凱悅國際觀光飯店（今君悅飯店），都爲國家主導之商務與觀光設施（如圖7-2）。

圖7-2　1981年都市計畫使用分區圖

圖片來源：台北市法規查詢系統，檢索日期：2021.05.23，取自：https://www.laws.taipei.gov.tw/lawsystem/wfUrbanPlan_Content.aspx?PLAN_NO=P070047。

## 1990～1994年　政策與相關法規之調整

　　此階段以政策的調整為主，與此同時，緊接著第一波由政府主導的開發已啟動，帶動了其他私有的商業投資進入，但多限於購地買賣的過程，並且在送入都市設計審議的過程中給予市府多方政策、法規與通檢的新增與調整參考。

例如：「台北市土地使用分區管制規則」、「台北市土地使用及建築物使用組織使用項目」、「都市計畫公共設施地多目標使用方案」及「建築技術規則建築設計施工篇部分修正條文」；而於此時期進行的開發個案有：中國信託公司總部大樓、震旦企業總部大樓、市府大樓（如圖7-3）、市議會等，周邊的私人房地產也開始有了豪宅的建案。1994年的第一次通盤檢討，維持了KMC最初的天際線設定，保有高度層次的設計，此外針對更為細緻的都市設計規範，有了因應實際開發的調整。

圖7-3　1994年台北市政大樓落成

圖片來源：黃天強（1994.03.11）。《數位典藏與數位學習聯合目錄》，檢索日期：2021.05.23，取自：https://catalog.digitalarchives.tw/item/00/3a/be/9c.html。

## 1994～2000年　台北曼哈頓

　　1995年之後，市政府提出了「台北曼哈頓」的構想，企圖為開發停滯不前的信義計畫區注入新活力。此時政府由土地取得面向著手，推動各單位釋出屬於商業區的公有地，以誘導私有地的開發。在這個時期，重大成果包含了推動台北101國際金融中心、新光三越一館與華納影城等大眾消費市場的開幕，中國信託總部大樓也落成啟用。此時，信義計畫區再度重新定位自身的國際性，為接下來在2000年後的大放異彩拉開序幕。

## 2000年　第二次通盤檢討後的大躍進

　　在第二次通盤檢討當中，信義計畫區面臨了一次較為明顯的調整，主要呈現在土地使用分區上增加了「特定業務區」的土地使用分區，以及更改純住宅用地為一般住宅用地等面向，種種的手段對於原先的使用限制有所放寬，也使得信義計畫區整體更偏向商業氣息，為跨國企業等進駐鋪設良好的經營環境。

　　「特定業務區」主要分布於松仁路兩側以及信義路南側，屬於原先計畫的「住商用地」編號B1～B7、D1～D5以及「商住用地」A12～A20街廓，考慮在許可條件與回饋條

件之下得進行土地及建築物使用組別的放寬規定，並以提供開放空間、服務機能、加強空地管理提升都市景觀爲標的，進行定制開發獎勵實施要點。在這個階段，新光三越各館陸續開幕：A8（2000-2001）、NEO19商場、新光三越A9（2002）、A4（2003）等，爲信義計畫區注入明顯而活躍的大衆商業氣息。

在2000年之後，許多大型公共建設也陸續完工，包含：2000年完成的捷運市政府站、2004年的信義空橋計畫（如圖7-5）、2005年信義快速道路通車、市府轉運站於2010年啓用等，市內的捷運運輸或是對外的路面道路、計畫區內的銜接，各類交通的齊備促使信義計畫區的四通八達，也讓內部開發的條件加了許多分數。時至今日，信義計畫區中已經匯聚了休閒購物與高端消費場所、飯店，如：新光三越、BELLAVITA寶麗廣場（俗稱貴婦百貨）、微風廣場、信義誠品、W飯店、寒舍艾美酒店等。

**圖7-4　信義計畫區香堤大道**

圖片來源：本團隊拍攝。

**圖7-5　跨越松智路的空橋**

圖片來源：台北市政府觀光傳播局台北旅遊網，檢索日期：2021.05.23，
取自：https://www.travel.taipei/zh-tw/attraction/details/1573。

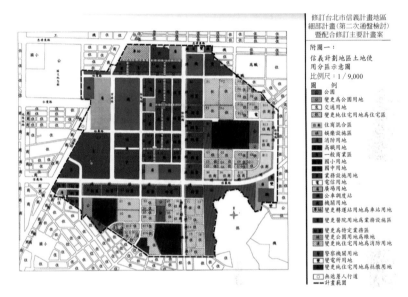

圖7-6 2001信義計畫地區細部計畫（第二次通盤檢討）土地使用
分區圖

圖片來源：台北市法規查詢系統，檢索日期：2021.05.23，取自：https://www.
laws.taipei.gov.tw/lawsystem/wfUrbanPlan_SearchCategory.aspx?ANO=0200。

## 後記

　　2015年《修訂台北市信義計畫特定專用區細部計畫（第三次通盤檢討）案》公告實施，這次的通盤檢討著重於更多的土地使用容許放寬並准予免回饋、刪除開發獎勵實施要點，同時增訂增額容積相關規定。近年持續有所動作的開發計畫基地有富邦A25、南山A21、台北天空塔A7、奢華飯店品牌瑰麗飯店（Rosewood）D1。

　　信義計畫區從最初台灣經濟起飛之時開始建構，原先定位為新市政中心與住商空間的願景，到如今以高強度發展為主的商業核心，即使目標與定位有所轉換，然而歸功於早期細緻的都市設計，對於人行尺度街廓的空間控管，如今身處於其中同樣能透過空橋系統或地面寬廣的步行、停留空間，穿梭其中。2000年後的信義計畫區，型塑了台北千禧年以後的主要城市意象，有別於1960～1980年間的熱鬧西區，這個最初的副都心基地如今已成為了台灣國際化的代表城市。

圖7-7　信義計畫區天際線

圖片來源：Wikimedia Commons, by Heeheemalu，檢索日期：2021.06.15，取自：https://commons.wikimedia.org/wiki/File:Taipei,_Taiwan_CBD_Skyline.jpg。

# 1981年　大台北不缺水的幕後功臣： 台北水源特定區計畫

　　水，是城市的基本需求之一，供水是重要的基礎建設，是支撐包含人類等生物個體生存、作物灌溉、工業生產等必要條件，是生命之源，也是工商農業發展之所繫，是都市發展的核心元素。缺水恐導致都市機能的衰退、甚至停止運作。台灣的水資源由於地形環境條件，本已存在保留不易的問題，近年由於極端氣候的現象，水資源的問題更加嚴峻。

　　2020年的夏秋豐水期無颱風襲台，連帶影響2020年下半年到2021年初的全台供水。全台各水庫的蓄水量降至三、四成以下，中南部部分地區啟動限水等措施。然而，輔助大台北地區供水的翡翠水庫卻常年保有高比例的有效蓄水量，2021年3、4月期間甚至擴大支援用水，每天輸送91萬噸水到新北、基隆、桃園等縣市。充沛的蓄水量關鍵之一，就在其水源區具有完善的土地使用規劃──全台第一處的水源特定區都市計畫。

## 水資源與土地使用的初相見：集水區保育意識

　　乾淨、穩定的水資源供應是現代城市的基礎條件之一，而供水的水庫與其集水區土地使用、水土保持情形，對用水安全有關鍵的影響。

　　1970年代，大台北都會區因工商日益發展，民眾用水需求大增，枯水期常有缺水現象，於是有興建大型水庫以滿足大台北都會區用水近、長程的需求。考量地質、水文等條件後，遂計畫興建翡翠水庫攔蓄北勢溪水源（如圖8-1）。翡翠水庫工程於1979年經過行政院核定同年正式施工，並於1987年正式啟用。

　　水源供應的問題以興建水庫做因應，同時為了更有效保障集水區之水源、水質、水量，提升集水區經營的重要性，1979年1月行政院院會下達了「從速規劃台北區水源集水區」的決議，並由當時台灣省住宅及都市發展局負責以「都市計畫」擬定方式為集水區之土地使用進行計畫，是為「台北區水源特定區計畫」。後於1984年納入南勢溪範圍，正式更名為「台北水源特定區計畫」（如圖8-2）。

**圖8-1 翡翠水庫主壩與其集水區**

圖片來源：台北市政府觀光傳播局——台北旅遊網，檢索日期：2021.03.25，
取自：https://www.travel.taipei/zh-tw/pictorial/article/10877。

**圖8-2 1981年台北區水源特定區計畫**

圖片來源：新北市政府城鄉資訊查
詢平台，檢索日期：2021.03.25，
取自：https://urban.planning.ntpc.
gov.tw/NtpcURInfo/。

## 規劃錦囊：集水區概念與土地關係

### 集水區是什麼

降雨時，雨水部分會經由土壤表面的孔隙往下滲透，其餘的部分則在地面上順著地表的高低起伏，由高處往低處流動。水流匯聚成較固定的溪流，許多溪流再繼續集合成大的河流往下流動，最後到達海洋。故，對於地表上任何一個地點而言，凡是落在鄰近某個區域內的雨水，經過不斷流動而匯聚，這個雨水降落和匯流的區域就稱為該地點的「集水區」。

集水區經營（Watershed Management）的專業內容歸納有：土砂災害抑制、崩塌地處理、防洪、河川治理、集水區保護與復育、汙染防治、景觀維護與美化、生態保育、水源涵養等項。然而，「水」的問題源於「土」：河水來自它的集水區，所以水庫的水質、水量，跟它的集水區中各個地方土地利用情況有很大的關係。故土地使用的合理規劃亦扮演重要角色。

### 集水區、水質保護在土地規劃的制度

目前在台灣，水庫集水區落到土地的使用規劃有兩種計畫／制度類型，分為「都市計畫體系」與「非都市計畫體

系」。都市計畫體系中將這類具有「土地保育、保護」需求的特殊型計畫，稱為「特定區計畫」，例如：本案例台北水源特定區計畫、曾文水庫特定區計畫等。在非都市計畫體系中，未來將是由國土計畫所管轄，採用土地分類的方式進行地用的設定，水庫集水區則會落在國土保育地區第一、二類這種土地分類中，這類的土地使用通常具有最嚴格的管制限制，例如：不得新建住宅、工廠等[4]。

| 體系 | 都市計畫 | 非都市計畫 |
|---|---|---|
| 類型 | 特定區計畫 | 國土計畫 |
| 管理方式 | 以土地使用分區、土地分區管制要點等進行實質管理 | 以國土功能分區、土地使用管制規則進行實質管理 |

---

4　本段有關國土計畫之國土功能分區與土地使用限制係為節錄，完整資訊請參閱《全國國土計畫》。

## 1981年台北水源特定區計畫

　　本計畫位於台北盆地東南方，範圍南至新北市烏來鄉，北至石碇鄉、小格頭、風路嘴連線，東延直至雙溪鄉泰平村北界，西北與新店屈尺里相連，西至新店市廣興、龜山里，南北寬約16公里，東西長約33公里（如圖8-3）。總面積包含：翡翠水庫集水區約303平方公里，及濫墾、濫建較嚴重之大壩下游，屬新北市之粗坑、龜山、屈尺、廣興等四里，面積約23平方公里土地，合計約326平方公里，流域範圍以北勢溪為主，直到1984年方將南勢溪部分納入計畫範圍。

　　至1979年底，該範圍戶籍人口約12,008人，包括新店、石碇、坪林、雙溪等四市鄉。周遭地區除龜山地區較具都市化現象，其餘地區仍以小型農村集居型態居多，公共設施尚未齊全。本區內土地大多為國有林班地、丘陵，並以坡度30%以上土地占大宗（如圖8-4）。在發展限制上，當時還受到《水利法》所轄之「新店溪青潭水源水質水量保護區域管制事項」及「台灣省水庫集水區治理辦法」管制（已於2006年廢止）。

**圖8-3　台北區水源特定區計畫範圍與行政區劃圖**

圖片來源：《台北區水源特定區計畫》，1981年，台灣省住宅及都市發展局。

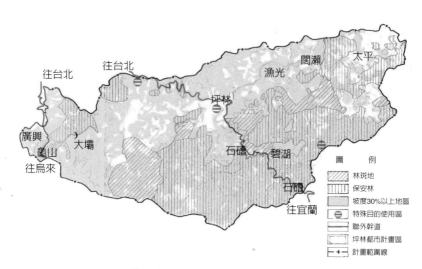

**圖8-4　台北區水源特定區計畫範圍發展限制圖**

圖片來源：《台北區水源特定區計畫》，1981年，台灣省住宅及都市發展局。

## 計畫原則與構想

　　本計畫之計畫目標為：維護台北區水源集水區之水源、水質、水量，避免散漫發展破壞水土保持導致汙染水源，並防止翡翠水庫淤積，延長水庫使用年限。以此為前提，本計畫書羅列以下原則：

1. 土地使用分區、公共設施及道路系統之規劃，以維護集水區之水源、水質、水量為基本原則。

2. 為維護水土資源、水庫安全及特殊自然生態，依其需要及特性劃設為各類保護區。

3. 水庫沿岸周圍土地及距離主支流500公尺範圍之土地，應確實予以規劃保護。

4. 宜農牧之山坡地酌予劃設為農業區。

5. 區內交通除闢建水庫聯絡道路，以水面運輸及步道系統補助。

　　在計畫構想方面，分為保護與發展兩大面向。

　　保護面向主題包含水庫水域、植物、保安、農業，更明確指出：沿水庫水位線水平距離50公尺內之土地，劃設為水庫保護區，嚴禁一切開發行為；山坡地農業使用，規劃農業區，加強水土保持設施並嚴格限制農藥、肥料之使用。

發展面向：規劃龜山、廣興、花園新城等具規模之聚落作為主要人口分布區。在維護水源、水質、水量保護之大原則下，少部分地區可提供小型、偏靜態及臨時性遊憩活動使用。

## 實質計畫與實施

實質土地使用分區規劃中保護區性質之分區（水庫保護、生態保護、保安保護）占整體計畫土地達九成，住宅、商業與公共設施等具開發性質之土地僅占不到一成，這樣的面積配比對於計畫管制的嚴謹性有顯著的效果。

計畫因建設維護經費龐大且幅員廣闊，以分期分區實施，5年為一期，由1981至2005年共計五期，分期設施項目分為：水土保持及汙染防治、公共設施及遊憩設施。其中水土保持項目以崩塌地整治及超限地加強造林為每期皆實施（如圖8-5）。而後於1983及1984年分別公告北勢溪與南勢溪部分特定區計畫，形成如今完整之「台北水源特定區計畫」。

圖8-5　台北區水源特定區計畫實施項目優先順序分期表

圖片來源：《台北區水源特定區計畫》，1981年，台灣省住宅及都市發展局。

## 祕密武器：土地使用分區管制要點

　　除了特定區計畫的土地使用分區、計畫實施內容，「台北區水源集水區特定區土地使用分區管制要點」以附錄方式訂定各類分區的使用規定。住宅與商業區運用不同使用限制、最大建蔽率、最大容積率來區別使用強度（如表8-1），水庫、生態與保安保護區則遵守「涵養水源、維護水質」的前提，進行造林與水土保持措施、維護地形地物之工程等低強度土地利用。

表8-1　台北區水源集水區特定區計畫住宅區、商業區使用管制事項表

| 類別 | 最大建蔽率（%） | 最大容積率（%） | 使用限制（摘錄） |
|---|---|---|---|
| 第一類住宅區 | 40 | 60 | 1. 嚴格禁止設立工廠<br>2. 申請建照應檢附整體開發水土保持及廢汙水處理計畫 |
| 第二類住宅區 | 60 | 120 | 1. 不得設置排放廢汙水之工廠<br>2. 申請建照應具備汙水、廢棄物處理設備 |
| 第三類住宅區 | 40 | 80 | 申請建照應具備汙水、廢棄物處理設備 |
| 商一 | 80 | 160 | 1. 不得設置排放廢汙水之工廠<br>2. 申請建照應具備汙水、廢棄物處理設備 |
| 商二 | 60 | 120 | 1. 不得興建工廠、旅館及特種營業場所<br>2. 申請建照應具備汙水、廢棄物處理設備 |

資料來源：《台北區水源特定區計畫》，1981年，台灣省住宅及都市發展局。

## 在地聲音的爭議與觀光發展的土地使用管理

　　優質、穩定的供水為都市建立良好的根基，然而背後嚴格的土地使用限制卻也讓身處在水源地的在地民眾產生不平衡。住在水源特定區的居民，自家園被劃入保護區後，被動接受為了保護水源的各種限制：農夫必須避免使用農藥汙染水源、配合農地停耕等，甚而會產生「委屈在地、供應都市」等聲音。針對這樣的情形，實施《水利法》的水源保育回饋金制度，正是期望能用於水源與生態的基礎設施、居民公共福利回饋及受限土地的補償。

　　在近年來劇烈氣候越來越頻繁的情形下，也曾導致水源區的原水濁度大幅提升，影響用水安全等情形，例如：2015年強颱蘇迪勒襲擊，南勢溪泥沙暴增，直接進入淨水場的原水濁度一度飆高逾39,000度，遠高於淨水處理極限的6,000度，導致翡翠水庫無法如常支援供水，大台北地區首見汙濁之自來水（台北市自來水處，2015）。部分意見認為水土保持情形仍受到劇烈氣候嚴重影響的原因，與烏來地區溫泉觀光業的發達有關。除了合法與非法的經營，土地是否超限利用也是影響該地區水土保持能否完善的因素，其中就不乏雖是合法溫泉業者，卻有土地超限利用的情形。

## 水、土整合規劃的影響力：全台蓄水量最佳的模範水庫

　　嚴格的土地使用規範非屬台北水源特定區獨有，然而劃設「幾乎所有上游集水區為保護區」卻是本案例的特色。翡翠水庫的蓄水量長年達八成以上，平時主要支援大台北地區的用水，主要功能為蓄水與發電。本特定區對於水庫有效蓄水、低淤積率，以及水質養護的成果，成為多方研究的主題，以都市計畫手段進行土地使用管制的集水區經營方式，為台灣其他集水區、水庫也建立了典範。

　　若以台灣南部的重要供水水庫——曾文水庫為比較對象，參考「曾文水庫特定區計畫」（表8-2）當中與台北水源特定區的土地規劃內容，則可以參酌三大面向的計畫差異：保護區與計畫面積比例、保護區內涵、土地利用管制強度。由附表可見，台北水源特定區高達九成土地為維護水源水質的保護區。保護區的類型又細分為三種，而光是為維護水庫水質水量穩定的「保安保護區」，面積比例就達總計畫的八成；對比曾文水庫的土地使用面積分配，僅有四成土地編定為保護區。而細看保護區內的土地使用管制事項，台北水源特定區則因應不同的保護區類型有更加細緻的管制設定（如表8-2）。

表8-2　台北水源特定區計畫與曾文水庫特定區計畫比較表

| | 曾文水庫特定區計畫 | |
|---|---|---|
| 計畫面積 | 5,582.9公頃 | |
| 保護區類型 | 保護區 | 特別保護區 |
| 保護區面積（占總計畫比例） | 2,330.1公頃（41.7%） | 20.4公頃（0.3%） |
| 保護區土地使用分區管制要點（容許使用項目） | 1. 為保護區內地形、地貌（物）所為之工程。<br>2. 原有合法建築物之修、改建。 | － |

| 台北水源特定區計畫 | | |
|---|---|---|
| 68,654.2 公頃 | | |
| 水庫保護區 | 生態保護區 | 保安保護區 |
| 309.2公頃<br>（0.4%） | 9,022.3公頃<br>（13.1%） | 56,475公頃<br>（82.2%） |
| 1.造林及水土保持設施。<br>2.為保護區內地形、地物所為之工程設施。<br>3.原有合法建築得予修建、改建。 | | |
| 4. 維護水源、水質、水量所必需之設施。<br>5. 闢建碼頭及其必要附屬設施。 | 4. 生態維護設施。 | 4. 國防所需之各種設施。<br>5. 警衛、保安、保防、消防設施。<br>6. 公用事業所需必要設施，但該設施、使用保安林地時，應經中央林業主管機關之同意。<br>7. 為維護水源、水質、水量所必需之設施。<br>8. 為水庫運作需要之水文氣象觀測站及通訊必要之設施。 |

資料來源：《變更台北水源特定區計畫（土地使用分區管制要點第二次通盤檢討案）》，2020年，新北市政府；《變更曾文水庫特定區計畫（第三次通盤檢討）》，2012年。

　　這樣的觀察僅為單一面向的側重了解，水庫蓄水成果必定也受到大環境降雨、水庫功能性以及其他部門計畫等影響。然而綜觀多年以來翡翠水庫穩定、高品質的蓄水成果，對比曾文水庫長年的蓄水量則較不穩定，在2021年中的缺水時期，蓄水量數度跌到10%以下，這些事實也凸顯其作為運用都市計畫管制手段的水源區，的確是有其特殊性與卓越成效之存在。

## 後記

　　優質穩定的水源供給是都市的重要基礎，利用土地規劃手段進行集水區的經營是本案例的精采之處，而實質的成效也反映在翡翠水庫穩定良好的水質水量，本案例最後對比曾文水庫的土地利用計畫與管制面積，則可彰顯在兩個計畫中水、土整合與合作的緊密程度差異，並反映至實際的供水、蓄水成效。

　　回到公益與私利的競合，一個城市欲追求更佳的公眾利益，勢必在私利中進行取捨，並提出有彈性的調適方案（例如：水源保育回饋費），解決其中所產生的外部性。此外，本案也揭示了城市規劃的複雜性，看似單一的水資源議題其實涉及土地的規劃，必須透過水與土的合作方能真正解決問題。

　　本案例為台灣唯一將完整水庫上游集水區列入都市計畫範圍，進行管制的水源區，為所有集水區中具有較強烈管制效果的代表範例。未來於非都市計畫系統之中，「國土計畫」將納入「流域特定區域計畫」，是以各河流流域作為規劃範圍、結合水土概念的計畫，期待能共同對於水土環境的建構提供一臂之力。

# 1989年　都市之肺的城市遠見：
## 大安森林公園

　　公園之於城市具有美化、調節微氣候、改善空氣品質、維繫生態平衡及防減災等多種功能，對於大眾而言則是遊覽休憩、交流的重要開放場所。公園建設不僅是休閒傳統的延續，更是城市文化的體現，它代表一個城市的政治、經濟、文化、風格和精神氣質，也反映著一個城市與其市民的心態、追求和品味。最早的公園源自英國皇室貴族私園的公眾化，而後美國將公園融入了城市景觀與公共空間的設計，是為現今我們對於城市公園的基本意象。

　　在台北市這座水泥森林之中，一處位在寸土寸金的蛋黃區，面積廣達26公頃，集合生態棲息、休閒遊憩、藝文活動的都市森林，成為戰後台北第一座興闢的大型公園，其對現今台北市的重要性不言而喻。這座都市森林就是大安森林公園。是什麼樣的契機與遠見，都市的規劃藍圖中出現了這樣的公園呢？從規劃到實踐的過程中，又曾面臨哪些衝突？如此重要的都市公共設施建構過程中，整個社會，從主政者、權益關係人，到新聞媒體及大眾，面對一座公園的誕生是什麼態度呢？

## 規劃圖上，十七個公園中的其中一個

　　大安森林公園最早被規劃於日治時期。1932年，日本政府公告之「大台北市區計畫」（如圖9-1），以健全的都市發展為目標，預定收納60萬人口。考量了市民日常健康保健、災害時的避難空間，同時以確保、緩和都市暑熱的良好環境為目的，進行都市系統之設計。

　　20世紀以來，城市公園被視為人民得以享有良好環境、休閒以及集會等社會活動的空間，公園的規劃遂躍上西方國家規劃的主舞台。當時日本政府受到此風氣的影響，將都會公園視為城市現代化的象徵之一。是故，「大台北市區計畫」在市街地區配置17處的公園預定地，面積達256公頃。依照空間均衡配置的原則，劃設在當年基隆河、淡水河、新店溪、基隆路所圍成之台北舊市區內，並以5條公園道路連接在基隆河與新店溪畔的大型公園，導入了美國式的公園綠地系統計畫手法，這些寬度從50到100公尺線型之公園道路系統，除了具有交通、景觀、遊憩等功能外，也有防災、救災、避難之功能[5]。大安森林公園即為當時所規劃的17處公園中，編號七號的公園用地。

---

5　本段敘述係參考自《計畫城事：戰後台北都市發展歷程》（林秀澧、高名孝等人，2014）。

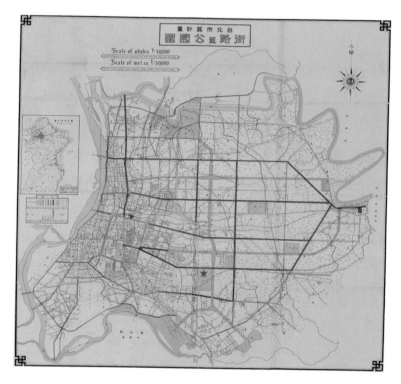

圖9-1　1932年台北市區計畫街路並公園圖（星號為七號公園——
　　　　大安森林公園）

底圖來源：中研院地圖與遙測影像數位典藏計畫，檢索日期：2021.03.16，
取自：http://gis.rchss.sinica.edu.tw/mapdap/?p=5652&lang=zh-tw。

## 老台北印象：眷村聚落與國際學舍

　　隨第二次世界大戰的爆發、政權的轉移，使得原計畫中的公園並未如期開發，七號公園預定地上可見少數的建物、疑似日軍基地與納骨塔一類的紀念園區（如圖9-3）。1949年國民政府遷台，大量的政治移民伴隨著都市化所帶來的鄉村移民，遠遠超過都市計畫人口預期。政府無力興建足夠的眷村住宅，許多軍人因為種種因素沒有獲得眷村配房，無處安置的人們落腳於這些尚未開闢的公園預定地上，大安森林公園成為「非列管眷村」的聚落，土地使用的正當性與合法性也成為模糊的灰色地帶。當時位於此地的眷村聚落主要為空軍的眷村聚落：「建華新村」、「龍岡眷區」以及陸軍的「岳盧新村」，總戶數達上千戶，形成密集、結構複雜但生活功能尚稱齊備的生活空間（如圖9-2）。

圖9-2　大安公園預定地原眷村聚落

資料來源：文化部國家文化資料庫收藏，原圖由中央日報所拍攝。

1944年航照圖

1958年航照圖

圖9-3　1944年與1958年大安森林公園預定地航照圖

底圖來源：中研院地理資訊科學研究專題中心——台灣百年歷史地圖，檢索日期：2021.03.16，取自：http://gissrv4.sinica.edu.tw/gis/taipei.aspx。
圖面資訊來源：台北地圖說故事，檢索日期：2021.03.16，取自：https://reurl.cc/2bQpLv。

　　1957年，位於今信義路與新生南路口的國際學舍落成。國際學舍是一個國際性的文教社團，台北的國際學舍屬於美國紐約總會所管轄的分會之一。國際學舍為當時台北外籍學生的安身之處，一旁的附屬體育館則作為籃球、羽毛球等各種運動的場地，也兼為戲劇、音樂及放映電影的場所。最著名的活動是春、秋兩季全國圖書出版品展覽，是為「國際學舍書展」，也曾讓不少愛書人士流連忘返；甚至於此舉行過中華民國之中國小姐的選拔——這樣的空間與老台北的生活逐漸建立起密不可分的關係。

　　透過圖9-3當中的「1958年航照圖」可以看到，戰後不到10年，這片公園預定地上面已形成了數個生活聚落、大型公共設施與憲兵機關，甚至還有日治時期遺留的宗教場所等。無論對身處其中的住戶或是整個台北市民而言，這塊土地上豐富多元的使用已然成為了台北市城市意象的一部分。

## 是時候依規劃興闢公園了！

　　1956年台北市政府依循日本政府之規劃，公告「台北市都市計畫」，此地公告為公園預定地。1974年行政院曾函示台北市政府速予規劃闢建大安公園，但面對這樣一個龐大且繁複的社區結構，公園的興闢數十年來仍呈擱置的狀態，一直到1980年代台北市政府才積極興闢。

　　1980年代正值台北市的重要轉型期，現代化的都市面貌逐漸成形，民眾對於生活品質、休閒娛樂的追求意識上揚，故規劃的公園實踐成為重要的施政議題。當時對於大安森林公園的預定地主要有兩派爭論，一是由環保團體發起，並受到台北市公園路燈管理處支持的方案，將七號公園預定地打造成森林公園，強調以自然都市生態為目的；另一方則有體育界人士呼籲在公園預定地興建大型體育場館，以解決台北市體育場館不足的問題。此議題遂成為台北市議會的討論焦點，歷經約3年的公開辯論、輿論爭議，終於在1989年有所定論——以森林公園型態闢建大安森林公園。

## 必要之痛：拆遷與安置

　　1989年確認將興闢大安森林公園之後，同年6月市府便正式公告拆遷預定地上的地上物，並與居民開始協商拆遷安

置等事宜。對於已在此生
活近40餘年的眷村住戶、
鄉村移民們而言，無非是
個晴天霹靂的消息。直至
1992年開始首波的拆遷工
作（如圖9-4），眷村第
二代的抗爭與反彈仍舊持
續。

　　針對當時的拆遷補償
交涉情形，拆遷戶的訴求
為就地整建或先建後拆，
然而就地整建已不符合公
園興建的規劃，先建後

**圖9-4　大安公園預定地地上物
　　　　（含國際學舍）拆除工程**

資料來源：文化部國家文化資料庫收
藏，原圖由中央日報所拍攝。

拆則曠日廢時，恐耽誤公園的工程進行；另一方面，市府採
取發放補償金並安置於國宅的方式。補償金的部分除合法建
物，1964年前舊有違章或1964～1988年期間新建之違章建物
皆可領取補償金。軍眷戶則部分安置於婦聯新村及延壽國宅
（如圖9-5上）。非軍眷戶（約2,000戶）則安置到當時尚未
興建的南港一號專案國宅（如圖9-5下），並為此辦理變更
都市計畫，是為「擬變更南港一號公園及其附近地區都市計

延壽國宅

南港一號專案國宅

圖9-5 延壽國宅與南
港一號專案國宅

資料來源：內政部營建
署住宅業務典藏網站，
檢索日期：2021.03.18，
取自：https://reurl.cc/
OXRzay。

畫案」，然本次變更也引起原南港在地民眾諸多抗議，紛爭
解決後方於1993年動工興建[6]。

---

6　本段敘述部分參考自《計畫城事：戰後台北都市發展歷程》（林秀
澧、高名孝等人，2014）。

## 具創意與彈性的方案：觀音像的去留

　　大安森林公園案例的特殊之處，除了人的居住問題處理，還有宗教雕像衍生的議題。公園預定地上有尊1985年由大雄精舍委託藝術家楊英風建造的觀音像，在樹立此觀音像之初，大雄精舍就知道這裡是公園預定地，並可能在數年後拆除地上建物，因此曾和地主以及地方行政機關，簽訂只樹立雕像、不設寺廟的合約[7]。在執行拆除工程之際，由於原先並無計畫保留觀音像，市府要求大雄精舍遷移雕像，佛教界因此在觀音像前舉辦「觀音不要走」的請願活動，社會輿論也就遷移與保留觀音法像兩種意見而產生爭論。經過協商，最終方案為保存觀音像於大安森林公園內，但民眾不得有焚香膜拜等宗教儀式，讓宗教雕像以藝術品形式繼續保留於公園之中。至此，公園開闢過程的種種爭議，方逐漸落幕。

---

7　本段敘述參考自「走讀大安森林公園今昔——明光法師談公園內觀音像」，台北市大安區公所（2015）。

表9-1　大安森林公園闢建大事記

| 時間 | 事件 |
| --- | --- |
| 1932年 | 日本政府公告「大台北市區計畫」規劃17處公園系統，大安森林公園為當時所規劃的七號公園用地。 |
| 1956年5月 | 台北市計畫公告此地區為公園預定地。 |
| 1974年4月 | 行政院函示台北市政府速予規劃闢建大安公園。 |
| 1986～1988年 | 規劃在此興建體育館，引發爭議。 |
| 1989年 | 台北市政府505次市政會議核定，以森林公園型態闢建大安公園。同年，通告拆遷大安公園預定地上之地上物。 |
| 1992年 | 住戶拆遷開始，大安森林公園正式動工。 |
| 1994年 | 公園內觀音像拆遷爭議，衍生的「觀音不要走」請願活動，活動後觀音像由宗教意義轉為公園內的藝術裝置。同年，大安森林公園完工啓用。 |

資料來源：林秀澧等（2015）；廖淑婷（2003）；本編輯團隊整理。

## 大安森林公園基礎資料

　　大安森林公園基地東側以建國南路二段爲界，南側爲和平東路二段，西側爲新生南路二段，北側爲信義路三段。依照都市計畫圖觀察公園的周遭環境，周邊以住宅區居多，商業活動較活絡的地帶爲信義路與和平東路，建國南路上有機關用地爲台北市立圖書館使用，新生南路上有金華國中與新生國小兩處學校用地（如圖9-6）。

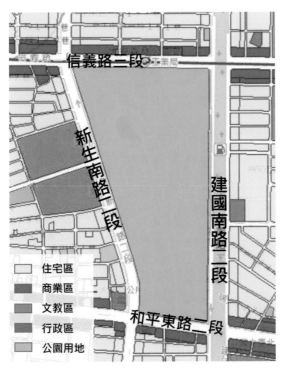

圖9-6　大安森林公園周邊都市計畫土地使用分區圖

資料來源：內政部國土測繪中心，檢索日期：2021.03.17，取自：https://maps.nlsc.gov.tw/。

## 綠意盎然的都市森林

　　1994年正式啓用的大安森林公園，原先枝椏出茂的小樹們逐漸成長茁壯成綠蔭盎然的景象。公園內部設施完善、枝葉扶疏且生態豐富。公園以2條主園路貫穿東西，1條主園路貫穿南北，沿途遍植喬灌木，其間布有花壇，公園外人行道臨建國南路爲盾柱木、和平東路爲樟樹、新生南路爲白千層、信義路爲榕樹、人行道中央植有楓香樹，臨公園內緣以多層式綠籬區隔。

　　公園以森林型態爲建構主軸，入園休憩除有賞心悅目的綠化植栽，並有涼亭、休憩亭12座及提供電話、飲水等服務設施。2004、2005年則分別增設了慢跑道。園內的露天音樂台可容納約900人作爲藝文表演之場地，經常舉辦大型演出活動；遇選舉時，也常成爲候選人舉辦造勢活動之場地。在交通部分，除了公園下方的地下停車場外，2013年捷運大安森林公園站正式啓用，更增加了大安森林公園的易達性。

　　如今的大安森林公園，如同50年前這片土地上的眷村聚落與體育場館一樣，在休閒遊憩的層面已建立與台北市密不可分的關係。而在這個水泥森林的城市之中，占地足足26公頃的綠地，無論在情感連結層面或是實質公設服務功能、環

境生態保護的效益，都產生了十足的影響力——豎立了台北市的城市印象，為市民甚至遠到而來的訪客們提供良好休憩空間，而這樣的美好效益也將一直持續到未來。

## 後記

　　大安森林公園一案的背景與執行過程錯綜複雜，中間歷經了1980年代台灣社會運動興起、民眾意識崛起的時代，當中所涉及的原住戶拆遷與安置、基地定位設定（體育館或公園）等，一系列的過程掀起整個城市對於公共議題的討論。各類聲音此起彼落，有在地住戶權益、環境與生態保護的願景、宗教意識，每一個爭議都歷經一場又一場的辯論、公開抗爭。施政者的大刀闊斧與執行單位的用盡心力，對上拆遷住戶的聲嘶力竭與各方團體的呼籲，這樣的景象並不陌生，當今許多城市仍在面對。大安森林公園一例恰足以作為借鏡與學習的材料，其過程漫長，但不失為一種市民共同學習的寶貴經驗。而當時掌握公權力的政府能為公共利益最大化堅持，並努力克服、解決過程中的難關，從今日回頭檢視，實應給予其應有的掌聲。

　　面對公眾利益與少數權益的衝突時，社會若能掌握具有「城市的遠見」的權衡力度，釐清真正的公眾價值與城市

所期望發展的方向，並納入具有創意、包容性的替代方案，
方得以彈性地處理各種特殊難解的情形（例如本案的觀音
像），並為了未來預先建構福祉。所謂前人種樹、後人乘涼
的道理，於此亦同。

# 1990年　走路行不行？
# 台北西門徒步區

　　在傳統規劃思維之中，筆直、寬敞的道路是便於車輛通行的不二法門，也是都市計畫自汽車普及以來的舊習。道路究竟是給人走還是給車走？這個問題在二次世界大戰之後的歐洲國家逐漸受到重視。在意識到市中心大量汽車通行所造成的都市問題之後，部分城市開始嘗試一種新的人與道路、空間的形式，以時段性的控制或路段性的區別，建立起徒步街（Pedestrian Zone）或共享街道（Shared Space）。

　　在台灣，台北市西門町作為全台第一個徒步街區，示範了一個商業街區在還路於人之後的變化與各方努力的進程，也是台灣在經濟與社會邁入高度成長的工業化時代，試圖呼應「適宜步行的城市」（Walkable City）的一種宣示。就地區商業振興與交通路權再定義的面向，都樹立了典範，也在台北的舊城西區發展進入衰退期之後再度聚攏人潮，為地方的再發展謀求了一盞明燈。它是如何辦到的呢？

## 與西區共榮共存的黃金歲月

　　西門町，由於靠近早期貿易興盛的大稻埕一帶，依著地緣之利，自日治時期便有了繁盛的商業發展。日治時期，日本政府在此設立休閒的商業區，1908年的八角堂（今西門紅樓）即是此時所興建，作為購物與交易南北貨的商場，除此之外還有多間餐廳、咖啡廳、日式料理等休閒娛樂店鋪的設立。約至1930年代開始，西門町成為台北著名的「電影街」，榮景延續直到國民政府來台，僅武昌街二段就連開了十多家戲院，其盛況可見一斑（如圖10-2）。

　　到了1960年，台灣經濟蓬勃發展，大型的綜合商場紛紛於西門町、中華路一帶開張，第一百貨、今日百貨、遠東百貨、人人百貨、天鵝百貨、中外百貨、萬年商業大樓等，歌廳文化也在這有相當活躍的發展。百貨公司樓上有影劇院、鳳凰歌廳、遊樂場等各式各樣的娛樂設施，與而後興建於中華路上的中華商場連成一片1980年以前的購物天堂，象徵自日治以來最為繁華、流行的台北娛樂聖地。

圖10-1　1970年西門町圓環一景

圖片來源：文化部國家文化資料庫收藏，原圖為行政院新聞局所有，檢索
日期：2021.05.21，取自：http://newnrch.digital.ntu.edu.tw/nrch/query.php?ke
yword=%E8%A5%BF%E9%96%80%E7%94%BA&advanced=。

圖10-2　1970年武昌街電影街一景

圖片來源：文化部國家文化資料庫收藏，原圖為行政院新聞局所有，檢索
日期：2021.05.21，取自：http://newnrch.digital.ntu.edu.tw/nrch/query.php?ke
yword=%E8%A5%BF%E9%96%80%E7%94%BA&advanced=。

　　1980年代，西門町的發展遭受到「外憂與內患」的夾擊。外憂部分，忠孝東路四段商圈興起以及信義計畫區等計畫已開始規劃與進行，人潮與地區投資重心隨之移轉，台北市發展重心逐漸東移。而後中華路鐵路地下化的工程啓動，1992年中華商場正式拆除，西門町原先依靠地緣與周遭環境的發展連帶關係遭斬斷；西門町本身也在此時面臨商業區老舊、道路狹窄、交通壅塞與治安出現死角的「內患」，而亟待以新方案爲地區進行整治。

## 商圈自治的開始：「西門徒步區管理委員會」

　　回溯自1980年代末期，面對內憂與外患的攻擊，市府單位開始著手爲西門町的未來進行新的規劃，徒步區的設置構想逐步成形；在地商圈組織也集結組成「西門徒步區管理委員會」，爭取於西門町設立徒步街區。1977年曾經舉行試辦，後至1990年徒步街的工程正式完工（如圖10-3），由「西門徒步區管理委員會」統籌管理街區事務與發展。

　　然因缺乏經驗與管理能力的狀況，徒步街營運的初期狀況不甚完善：周邊汽機車違規停放、人潮湧入所帶來的垃圾等等，加上中華路的鐵路地下化工程與捷運施工，整區域呈現所謂「交通黑暗期」，商圈振興的效果仍有所限制。經營

圖10-3　1990年徒步街一景

圖片來源：文化部國家文化資料庫收藏，原圖為行政院新聞局所有，檢索日期：2021.06.19，https://memory.culture.tw/Home/Detail?Id=677801&Index Code=online_metadata&Keyword=西門町。

管理的層面，「西門徒步區管理委員會」雖屬市府認同的民間自治單位，但非屬社團法人，使得在管理街區發展與事務上，仍然有困難存在。

## 持續精進的徒步街

　　1995年間市府啓動了新的徒步街計畫，實施範圍：介於中華路與康定路間之武昌街、漢口街與成都路間之漢中街，以及中華路與西寧南路間的峨嵋街等三條道路，長度約爲1公里，寬度則自8公尺至12公尺不等。爲了解決先前實施的問題，新的計畫搭配了增強垃圾清理、持續舉辦活動吸引人潮，並加強取締違規。

　　直至2000年，西門町徒步街不斷針對商圈型塑、商家溝通、徒步氛圍的方向進行努力，包含了街道環境更新、納入街道家具、與商家建立互信基礎，並且有意識地導入流行文化的活動，像是舉行街舞競賽、明星偶像的簽唱發表等，建立起明確的空間定位；加上捷運板南線通車，交通黑暗期的結束重新聚攏人潮，西門町再度拿回「流行文化寶地」的稱號，並躍上台北的國際觀光舞台，與台北101較勁台北市遊覽景點次數的一、二名。

　　除了活動導入與硬體設備的加強，法令與其他配套措施也逐步到位，包括：1994年頒布「台北市徒步區闢建及管理維護辦法」，2005年也曾草擬「台北市行人徒步區自治條例」。前者的辦法至今仍舊影響其他商圈推動，如迪化街。「西門町徒步區管理委員會」也正式立案成立「台北市西門

徒步區街區發展促進會」，此舉健全了街區組織的功能，正向促進街區的管理與營運。

　　目前西門町地區的徒步街採取時段性封街，週一至週五18:00～23:00，以及每週六日11:00～23:00禁止車輛通行。而商圈在近年來搭配西門紅樓的保存修復、活動舉辦等等，發展力道依舊強勁。2020年西門商圈空置率僅2.6%，完美超前11.4%的忠孝商圈、6.2%的站前商圈[8]，可見在2000年之後的西門町，憑藉著徒步街區的規劃與公、私合作的經營，發展出獨特的商圈文化，在大台北地區當中脫穎而出，也成為其他商圈的學習典範。

---

8　參考戴德梁行2020年5月之統計數據。

# 規劃錦囊：以人為本──徒步區

## 走路更好？徒步商店街（Pedestrian Mall）

徒步商店街爲街道的一種形式。通常指位於市中心商業區行人專用的單一行人徒步街，或數條街道組合的行人徒步區而言。而徒步區（Pedestrian Zone）則廣義地包含所有供行人專用的街道（鄭幸眞、施植明，2004）。

## 步行到車行的城市變化

「步行」是人類最原始的移動本能，在動力機械出現之前，步行、人力、獸力是交通的主要工具，此類移動模式塑造歐洲古老城鎮的主要生活圈範圍、街道樣貌。直到19世紀動力機械（如：蒸汽火車、汽車）發明，才大幅改變城市的模樣，無論是對周邊郊區的連結或是對城市內部的道路型塑、引入的人潮等等，城市的交通逐漸有別於原先的人行爲主，取而代之的是大量的汽車湧入，世界上不少城市走向以私人汽車爲主的交通及都市計畫，人行與公共運輸的概念逐漸式微。

## 德國的徒步街

德國是全世界較早發展徒步街區的國家之一，其產生於特殊的時代背景及都市實質條件。綜觀而言，整段歷程的發

展概念源自於「解決市中心的交通問題與商業振興」。20世紀後，工業化社會造成的都市快速發展、汽車大量地使用，導致原先非以汽車爲設計的舊城中心路型無法適應，汽車的噪音與廢氣汙染充斥在狹窄的街道之間，形成嚴重的交通問題；另一方面，城中心的舊商業區域也因爲郊區商業興起（也是汽車的功勞），導致逐漸沒落，市中心環境品質下滑且發展面臨危機。提供嶄新的購物環境成爲當時的主要考量，促使德國政府採取設立行人徒步街的方式試圖作爲方案。

　　1926年，埃森（Essen）設立了全球第一個禁止車輛進入的徒步街區（如圖10-4）。在二戰之後，德國各地區紛紛建立起徒步區的街道形式，這樣新型的規劃也傳播至歐洲其他城市，如：荷蘭阿姆斯特丹、丹麥哥本哈根。到了1970年代之後，城中徒步街區的設立便與環境維護以及都市保存議題相結合，藉由徒步街的設置來提升市中心環境的吸引力、保存歷史古蹟，並將其整合於徒步區中，進而創造市中心爲一社會交流的場所。故如今在歐洲老舊城區當中優游逛街、放眼所見路邊設置的咖啡店或餐廳座椅、街道上氣氛清閒但熱鬧的人群等，便形成了我們對於歐洲最基礎的想像（如圖10-5）。

圖10-4　Essen徒步商店街一景

圖片來源：Roberto & Gianni Longo Brambilla (1977), For Pedestrians Only: Planning, Design and Management of Traffic-Free Zones.

圖10-5　維也納格拉本大街（Graben）一景

圖片來源：Wikimedia Commons, by Bwag，檢索日期：2021.06.20，取自：
https://commons.wikimedia.org/wiki/File:Wien_-_Graben_(2).JPG?uselang=zh-
tw。

## 經典徒步街

　　丹麥首都哥本哈根的斯托勒（Strøget）是世界出名的徒
步街案例。1950年代，身為哥本哈根的商業主幹道，斯托勒
街充斥著車輛與隨之而來的塞車、空氣汙染與噪音問題。市
政府計畫將斯托勒街改造成行人徒步區，禁止車輛進入。期
間也遭受當地商圈猛烈的攻擊與反抗，認為行人徒步反而會
降低商業消費，且北歐地區如此寒冷，誰想在外行走？然而

事實證明，徒步行走的街道反而更能聚攏人潮、促進消費。2年後市長宣布斯托勒成為永久的徒步區。抗議的聲音不見了，取而代之的是要求將更多道路納入徒步區範圍。今日的斯托勒精品店和百貨公司群集，哥本哈根現今擁有總長約3.2公里的全世界最大徒步區，成為各國爭相效仿的經典案例（如圖10-6）。

　　另一個離現今時間軸相當靠近的案例是美國的紐約時代廣場。2008年時代廣場位處的第42至47街地段，這個被媒體稱為「交通黑洞的死結地帶」，進行了一場大改造。市府將此地區的道路封閉改為徒步區，除了時代廣場所在的第42至47街一帶，全球最大百貨公司Macy's旗艦店附近的先鋒廣場（Herald Square），即第33至37街一段，也劃為另一個徒步區。批評者聲稱這項工程會造成交通大亂，癱瘓整座城市。然而實行之後的交通順暢度提高，商店街消費金額也上升，這些因計畫而生的行人廣場也成為紐約市最多人造訪的景點。該計畫首階段行人區在2014年完成，而整個計畫於2016年12月完畢，耗資5,500萬美元，為該路段增加了約1公頃的行人空間，除了交通意外因而大減40%，附近商戶的營業額亦增加了20%（如圖10-7）。

圖10-6　斯托勒徒步街改造前後

圖片來源：Flickr.com，由City Clock Magazine拍攝，標題：
Strøget Pedestrian Street (Copenhagen)；Wikimedia Commons,
by National Museum of Denmark，檢索日期：2021.06.20，取
自：https://commons.wikimedia.org/wiki/File:Str%C3%B8get_i_
K%C3%B8benhavn_-_festligt_udsmykket_(8631602542).jpg。

圖10-7　時代廣場改造前後

圖片來源：NYC DOT & Michael Grimm (2017), "Times Square's transformation into a pedestrian-friendly space captured in photos"，檢索日期：2021.06.20，取自：https://ny.curbed.com/2017/4/19/15358234/times-square-snohetta-beforeafter-photos。

## 後記

現今城市普遍提倡人本交通的概念，所謂以人爲本，並非只是鋪設好看舒適的人行空間，而是「每個人都能自由選擇各類交通運輸工具到達欲前往的地方」，這樣的「可及性」（accessibility）全面提升，也可以連結至地區均衡發展的理想。過往我們投注多數精力於交通的「移動力」，並以汽車爲主要城市生活的運具考量，忽略人行、腳踏車、大眾運輸工具等運具連結性，也導致如今許多地區缺乏良好的人行空間或大眾運輸系統。今日城市規劃的移動想像，應著眼於不分使用者都應該享有的基本權利。理想交通的城市是身障者、老人、孩童等弱勢族群都能自在移動的城市，這也象徵著人本交通的理念必須搭配公共運輸系統的措施來加以落實。「步行＋多元運具配套」已是多數國家城市交通規劃政策的主流，也是歐洲、日本等地的模範城鎮得以建立地區發展典範的實力之一。

人本交通的概念於徒步區當中的運用僅是微小的一角，但是它象徵道路空間與人行的思維轉換。徒步街區的概念已不新穎，但在台灣能實際運用自如的商圈也並不太多。台北西門町也是費盡了近10年的努力才有今日的成就。而在這個案例背後，我們可以更加詳細地思考人行與車行之於城市機

能的關係，是否僅有面臨商業需求才能運用徒步街？或是整體城市本應擁有人本的概念呢？未來交通運具的科技革新，共享汽機車、電動車、無人車的推出也將促使重新思索人、車、路及城市的關係。新興科技將如何在人本交通的基礎下，相互融合、運用於城市之中，是值得關注的新趨勢與挑戰。

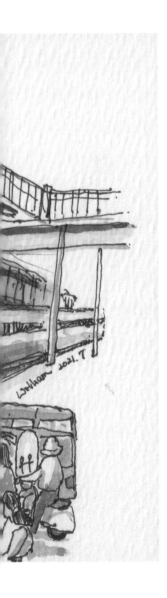

# 篇章 **3**

## 跨二十一世紀的挑戰：
## 城市再造與城鄉永續

時間：1990-2010

# 前言

　　1990～2010年之間橫跨了21世紀，此時台灣的社會與經濟發展都進入了相對穩定的時期。在人口面向，台灣的都市人口比例在2000年已達到近80%。而全台總計443處都市計畫區，總面積逾44萬公頃，計畫可容納人口達2,400萬人，已超越台灣的總人口數。同時，人口發展的速度開始趨緩，出生率自2000年後開始穩定下降；而老年人口比例逐漸上升，於1993年進入高齡化社會（老年人口比例達7%以上），台灣高齡化、少子化的人口結構特徵在此時期開始浮現[9]。

　　經濟面向，1990年中期朝向「亞太營運中心計畫」發展製造、轉運等產業，同時台灣已成為高科技產業全球分工體系中不可或缺的一員；2000年之後除了正式成為WTO會員國，逐步建立與國際接軌的經貿體系，2008年金融海嘯後也啟動全方面的產業再造政策，更加強調因應氣候變遷、與全球連結等議題。此時台灣的平均每人國民所得由1990年的203,181元，上升到2010年的534,234元[10]。

---

9　文中敘述各時期人口數量與都市化資料，係參考自行政院主計總處與經濟建設委員會都市及區域發展彙編。

10　文中敘述平均每人國民所得係參考自行政院主計總處。

　　台灣的社會經濟狀態歷經了前20年的動盪、起飛，急速都市化的時期已過，千禧年後的台灣空間規劃逐漸從前期城市完整化的思維，朝向多元議題的關注。1990年初期的台北市鐵路地下化為台灣的鐵路示範了立體化進程，為亟欲再生的台北舊城區換上新裝；同為舊城區的再興，2000年的大稻埕歷史專用區開始進行一場文化資產與商業街共存的實驗。

　　除了台北地區，以全台土地為思考的國土規劃，側重規劃體系的重新設置，以國土綜合開發計畫企圖向下建構縣市的空間計畫體系；城鄉風貌計畫也在城鄉均衡發展、以人為本的規劃思維逐漸受到重視後，成為重要的空間計畫政策之一。同樣理念之下，連帶結合農業發展的希望，而有了全台第一個農村再生社區。於此時期，可以看見都市正逐漸緩下原先拚命衝刺的腳步，而開始處理更為細膩的議題，例如：歷史文化、鄉土人文等；同時，歷經一定年歲的洗禮，城市當中的基盤設施（如：鐵路）也面臨調整的需求。此時不僅在意全國土地的規劃利用，也著眼於社區、鄉村等小尺度的打造，台灣的空間規劃眼界與重點更加廣闊。

# 1992 年　城市縫合之路：
## 台北市中華路鐵路地下化

　　台灣鐵路的歷史可追溯自清領後期，在當時巡撫劉銘傳的建設下，鋪設由台北至新竹段的客、貨運鐵路，而後日治時期便全面性完整台灣鐵路的鋪設，完成了環島鐵路的現代化工程。鐵路實現「城際運輸」的需求，加速人口、貨物往來各地的效率，為汽車尚未普及的年代提供都市化的路徑，進而帶動城市的發展。然而，隨著市中心人口大量集中，私人運具普及化，路面的鐵道系統與城市當中大量的非專軌型交通運具（小汽車、機車、公車等），形成了交通混亂的衝突；此外，鐵軌的兩側也阻礙了土地完整利用的可能性，前、後站的分隔設置也常有發展連接等議題。以上種種情形，許多大城市在經歷一定的發展年限後皆會面臨，鐵道立體化便成為常見的交通改造手段。

　　身為台灣的首善之都，台北自戰後發展了約50年間，也面臨了同樣的問題。鐵路沿線使用歷史與鐵路地下化的各方案考量，台北順利完成鐵路地下化的浩大工程，還給原本城市當中鐵道兩側的地區一個整齊、舒適的市容，也還給市區

順暢的交通，連帶興起的站區開發也形成城市的新興節點。對於如今台灣各縣市如火如荼地進行鐵路立體化的政策，台北鐵路地下化計畫身為率先完工的領頭羊，又曾歷經了怎樣的過程與故事呢？

## 日治至戰後的西區台北

　　台北西門地區（今中華一路、二路、西門町徒步區等）的發展源自於日治時期，鄰近台北最早發展的艋舺、大稻埕等地。除了有西門紅樓（八角堂）作為購物的場所，周邊數家匯聚的日式料理、電影院與劇場、咖啡廳，皆可見西門地區在日治時期的商業地位，其中的主要道路（今中華路）即為當時日本政府開闢的台北「三線道路」（今中山南路、中華路一段、愛國西路和忠孝西路一段）之一，構成台北西區的主要軸線，且作為鐵路經過的道路，在城市結構中具有其重要性（如圖11-1）。

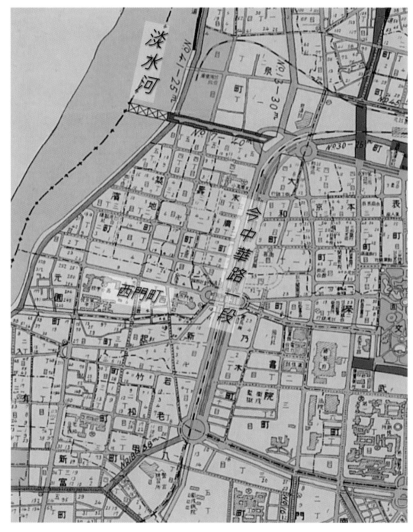

**圖11-1　台北市日治時期街道並公園圖（西門町周邊一帶）**

底圖來源：中央研究院地圖與遙測影像數位典藏計畫，檢索日期：2021.05.05，
取自：http://gis.rchss.sinica.edu.tw/mapdap/?p=5652&lang=zh-tw。

　　1949年國民政府遷台後，大量跟隨而來的移民超乎原先日治時期對於台北都市計畫的人口估計。當時政府欠缺足夠的資金與能力安置大量移民，部分軍眷戶或移居人口自行搭建住宅，形成最初台北市各地區散落的「非正式」眷村。而在中華路上鐵路東西兩側，則由政府以竹片、鐵皮、木板為主要材料搭起臨時住宅，移民繼續遷入，形成頗具規模的「棚屋」。而該地由於地利之便，延續了原日治時期的商業基礎，也為之後的中華商場打下基礎（如圖11-2）。

圖11-2　1949年後位於中華路鐵路兩側的棚屋

圖片來源：台北市中華路棚戶調查報告書，陳紹馨，1954年。

## 中華商場

　　1960年，中華路兩側的棚屋拆除，中華商場落成。中華商場樓高三層，座落在中華路一段中央，北起忠孝西路口，南至愛國西路口，由北而南以「八德」為名分段——忠段、孝段、仁段、愛段、信段、義段、和段、平段，總長1,171公尺，共可容納1,644個租戶。一樓作為商店，二、三樓規劃為住宅使用，而後續商業使用延伸至二、三樓，整座中華商場成為大台北地區最大的公有綜合商場（如圖11-3）。

圖11-3　1961年中華商場初落成

圖片來源：台北市中華路棚戶調查報告書，陳紹馨，1954年。

　　在空間設計上，當時中華商場備有新式設備的公共廁所與垃圾集中區，且設有大型的蓄水塔，每戶裝設煤氣設備，這在當時都是最現代化的居住與商業使用設施。

　　與外界空間銜接的部分，中華商場二層則利用空橋系統串聯起行人徒步的空間，這些人行陸橋也成為台北最早的空橋，橫跨鐵軌穿梭在各棟商場之間。獨特的空間形式與中華商場融合住、商的使用模式，匯聚當時最流行、新穎的唱片行、電器行、點心店等，食、衣、住、行、育、樂各面向的新潮商品都可以在中華商場找到，也為1960～1980年的台北畫下璀璨的一頁城市意象（如圖11-4、圖11-5）。

**圖11-4　中華商場與陸橋**

圖片來源：文化部國家文化資料庫收藏，原圖由行政院新聞局提供。

圖11-5　中華商場與陸橋上的行人

圖片來源：文化部國家文化資料庫收藏，原圖由行政院新聞局提供。

## 鐵路地下化計畫：城市發展轉移與交通變革

　　1980年起，台北西區的發展逐漸飽和，於東區建置副都心的計畫如火如荼進行，忠孝東路的商圈也逐漸取代西門町、中華商場等地，成為新的台北商業中心。與此同時，為解決地面鐵路造成的交通阻隔，台北鐵路的立體化構想在1969年末期就形成討論，包含：維持原貌、遷移、高架化等方案，最終由於國防因素考量，1979年由行政院核定將台北鐵路改為地下化。

　　台北鐵路地下化的計畫共分為四期：第一期「台北車站鐵路地下化工程」、第二期「松山專案」、第三期「萬板專案」、第四期「南港專案」。本篇主角「中華路」則是屬於「萬板專案」。

　　萬板專案歷經可行性研究、整體規劃及分區設計，於1992年核定動工。計畫範圍自北門至樹林調車場施工範圍全長約15.38公里，其中隧道部分約9公里。推動過程包含數個階段的工程進行：台北－萬華間增建雙軌隧道工程、萬華車站地下化工程及交通改善工程、新建板橋車站、改建樹林車站等。本專案貫通了板橋地區數條主要道路，完成「艋舺大道－華翠大橋－縣民大道」快速道路，有效紓解萬華、板橋

地區交通壅塞的情形。尤其新建板橋車站結合捷運、高鐵及短中長程客運等交通路網，促使新板特區成形，成爲新北市交通、商業、文化與行政的樞紐。

## 因應地下化而生的土地使用構想

　　鐵路地下化計畫針對台北鐵路地下化後的重點地區周邊土地使用進行構想，是以包含：台北車站特定專用區、中華路、西門町爲規劃範圍，具有全盤性與台北西區發展的全面變革爲藍圖。市府自1971年起辦理多起規劃研究案，包括：「配合台北市區鐵路地下化沿線土地使用規劃研究」、「市區鐵路地下化後台北車站特定專用區規劃研究」、「台北車站地區與中華路地下街規劃研究」等等，當中對於台北車站專用區、西門徒步區以及中華路的規劃多有討論，逐漸建構出今日台北西區的樣貌。

## 台北車站專用區

　　鐵路地下化對於台北車站專用區是一個重新規劃發展定位的絕佳契機。在1984年完成「市區鐵路地下化後台北車站特定專用區規劃研究」，爲地下化後地表空出的街廓建立許多想像，構想圖上可見對於地下化之後的台北車站周邊，是以高強度發展的巨大量體爲主（如圖11-6）。1990年完成

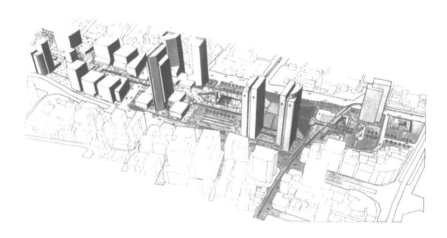

**圖11-6　1984年市區鐵路地下化後台北車站特定專用區規劃研**
　　　　**究，對於台北車站周邊的規劃構想**

圖片來源：市區鐵路地下化後台北車站特定專用區規劃研究，台北市政
府，1984年。

「台北車站特定專用區都市設計及開發計畫」，並於1993
年納入都市計畫當中公告實施，是為現行都市計畫的主要雛
形。在這項計畫當中融合的目標包含：交通中心功能強化、
都市更新、多樣化的開放空間、保留歷史沿革等。兩個規劃
對於如今的台北車站專用區皆有關鍵性的影響，包含後來的
轉運站開發、台鐵總局舊址及北門保存等。

## 中華路與中華商場

原先由路面鐵軌貫穿的中華路與地面上的中華商場，也成為鐵路地下化的討論中最受矚目的焦點之一。針對中華商場的保留或拆除，引起各方的諸多討論，許多規劃研究對其商業軸線的價值進行諸多分析，社會氛圍也一度傾向保留。然而，台北市實際發展中心逐漸轉移至東區的事實，以及整體鐵路地下化的計畫方案考量，市府最終決議拆除中華商場，並以配合鐵路地下化及捷運系統設置中華路地下街為主要方案，中華路則規劃改造為注重人行與綠化的景觀大道。

此一決議對已於商場中落地生根、經商、生活數年的在地民眾無非是一大衝擊。1986～1992年間，民眾與市府各自聘請律師對簿公堂，為中華商場的去留進行了一場激烈的社會爭辯。協調過程中，市府允諾提供居民補助及中華路地下街優先承租權，1992年中華商場拆除後終告落幕。

中華商場拆除後，中華路經歷了鐵路地下化與捷運板南線的興建，自1990年起共近10年的交通黑暗期，捷運工程取代了原先中華商場的地面景象。待所有交通工程完工，1999年景觀大道的工程正式啟動，工程過程拆除了過往連接中華商場與中華路兩端的人行陸橋，重現日治時期三線道的寬闊且增添了更多的綠意，為行人建構舒適的行走空間，中華路正式蛻變為林蔭大道（如圖11-7）。

圖11-7　中華路一段天橋（原中華商場孝棟）

圖片來源：本團隊拍攝。

## 後記

　　消弭原先的縱貫線鐵路對於主要都會地區產生的阻隔，本是鐵路立體化的重要工作，台北市區鐵路地下化正是台鐵立體化專案計畫中，第一波最鮮明且相當成功的一項指標。地面的平交道消失，為地面提供廣闊的交通幹道，對於市容景觀、生活環境有明顯的提升與改變。

　　中華路從原先身為西門城牆的一部分，轉而成為日治時期的主要幹道，戰後為大量居民提供容身、經商買賣的據點，而後以中華商場與空中陸橋的形象常駐於老台北人的心中。現今的中華商場原址已經變為寬廣的八線林蔭大道，而這些近50、60年的改變在歷經鐵路地下化的變革之後，達成今日全新的景觀，寬敞的人行步道成為了步行者的天堂。現在的中華路一段林立著各式美食餐廳、飯店旅館，而緊鄰的西門商圈更是許多年輕人生活中不可或缺的朝聖之地，讓中華路以新的面貌重現往日榮景。

　　配合鐵路地下化所執行的捷運工程、車站更新與快速道路、隧道建置等，對於都市的便利性與交通轉運效能有顯著的提升。因地面鐵路而分隔的地面也可以隨著空出來的土地重新整併，進行更新，串聯原先因鐵軌阻隔的兩端，提供更多元的土地使用可能性。這樣的過程也是在都市規劃中常提

到的「都市縫合」效益。台灣近年各城市在鐵道建設上投注大量資源，包含：台南、桃園等地。而在國際間執行鐵路立體化的城市不在少數，其中日本的鐵路地下化經驗更是台灣重要的參考典範。而現今鐵路車站結合周遭環境的再發展已成爲重要趨勢，結合大眾運輸導向之發展（Transit Oriented Development），並創造車站運輸、轉運、商業等多元價值，成爲整合規劃的複合式站體，促使運量旅次及商業效益的最大化，進而創造城市更加便捷、活絡的新風貌。

# 1996年　國土規劃的前身：
## 國土綜合開發計畫

　　國土，是國家發展與人民生存的根本，國土的妥善規劃是影響力深遠的重要之業。將國土以都市計畫區與非都市計畫區做區分，台灣的國土規劃曾經有相當長的一段時間僅有都市計畫區，而沒有非都市計畫地區的規劃。《都市計畫法》自1964年修正公布實施，比《區域計畫法》早了10年。在這10年間，土地的規劃僅有都市計畫作為指導，然而一個縣市轄有多個都市計畫區（以台南為例，現今有42個都市計畫區），這些計畫區零散分布且不一定相鄰，都市計畫之間的地區公共設施難以調和分配，皆呈現缺乏全面性整體規劃的課題。

　　而後《區域計畫法》上路後，問題則落在台灣並沒有「區域」的治理單位，而區域計畫直到2013年之前皆將台灣土地分為四大區域，這四個沒有治理政府的區域就成為了沒有實質計畫意義的範圍象徵，也讓原先就以土地使用現況編定用地的區域計畫，更加缺乏空間「計畫」的效力。就整體土地管理的架構，跨縣市、跨區域之間的議題都缺乏調和的機制，乃至計畫落實與管理面臨問題。

　　1990年代之後，綜合開發計畫試圖效仿日本的國土規劃架構，在台灣建立一個具有中央、地方的綜合計畫機制，而向下延伸出縣市綜合發展計畫的體系，給予地方政府規劃發展的機會。然而本計畫最大的問題在於缺乏法定效力，導致無法對於國土的發展產生足夠的影響。2015年《國土計畫法》通過，為台灣的國土計畫賦予了實質的法律地位。如今各界如火如荼地執行國土計畫的相關研擬作業，也給予我們一個時機回頭審視過去台灣國土規劃的前身，曾經歷經了怎樣的計畫過程？

## 1979年 台灣地區綜合開發計畫

　　1979年行政院核定通過「台灣地區綜合開發計畫」，主管機關為當時的行政院國際經濟合作發展委員會（簡稱「經合會」）。這是台灣第一個針對全國性空間進行規劃的計畫，擁有分派指導各部門開發構想與土地、資源運用的意義。在公告實施之前，「台灣地區綜合開發計畫」實質上歷經了近10年的研究、討論過程，期間深受日本與其他歐洲國家的國土規劃操作影響。日本自1962年擬定了「第一期全日本綜合開發計畫」，旨在國土均衡發展與適當的利用，企圖消滅區域間發展程度差距過大的問題；這與經濟快速發展的台灣當時所面臨的

問題具有一定的關聯性。是故同為大陸法系的日本，其國土規劃對於台灣一直具有深遠的影響與參考性。

　　「台灣地區綜合開發計畫」依據自然、人口、產業將台灣地區劃分為北、中、南、東四個區域，各區域在該計畫的指導下提出農業、工業、都市住宅、運輸、觀光、保育等部門的開發構想與實質建設，並依照《區域計畫法》擬定區域計畫，納入上述構想。「台灣地區綜合開發計畫」在這樣的架構下，具有統領各部門的意涵。而各區域也在1982～1984年間陸續公告區域計畫。

## 1996年 國土綜合開發計畫

　　行政院於1993年間，頒布實施「振興經濟方案」，指示前行政院經濟建設委員會都市及住宅發展處檢討修訂「國土綜合開發計畫」及研擬《國土綜合開發計畫法》，1996年「國土綜合開發計畫」正式核定，距離台灣地區綜合開發計畫的施行也經過了近20年的時間，規劃價值觀以及台灣的現況發展需要多有所轉變，而台灣社會已從急速經濟成長及快速都會化轉為穩定發展，國土規劃政策也從過往重視開發建設，轉而容納更多保育、生態維護等面向的價值觀。

　　計畫以生產、生活、生態之三生為永續發展目標，理念

中也引進「成長管理」機制，期望建立有效率、具條理的土地發展機制。

‧**計畫基礎資料**：計畫年期定為2011年；計畫範圍為台灣本島與金門、馬祖離島；計畫人口為2,419萬人。

‧**三大規劃構想**：生態環境的維護、改善與建設——整合保育觀念於開發過程透過建設縮小區域發展差距，最終配合國際化、自由化與高科技化，建設台灣成為亞太營運中心。

‧**八個推動事項**：1.各部門主管機關應研訂實施方案及發展時序；2.研擬《國土綜合開發計畫法》；3.推動農地釋出方案；4.落實限制發展地區與可發展地區之劃設；5.推動縣市綜合發展計畫；6.研擬國家環境保護計畫；7.配合修訂區域計畫；8.協調推動本計畫之實施。

‧**「農地釋出」**：因應當時產業及住宅用地不足現象，配合台灣加入世界貿易組織的可能性，農業發展方向轉變，部分農地可變更作為其他使用，以增加土地供給量。依據未來住宅、工商業、交通及遊憩等用地需求，估計至2011年，預期釋出農地48,370公頃；在實際執行上，1995年，政府變更「農業發展條例」，許多農地變更作為工業使用或者成為住宅用地；到了2000年，則開放農地自由買賣、興建農舍。

・「國土經營管理分區」：將國土區分為「限制發展地區」及「可發展地區」兩類。「限制發展地區」以維護生態、自然資源保育為目的，「限制發展地區」以外的地區為「可發展地區」。另外發展許可制又分規劃許可、開發許可、建築許可三階段進行。

值得注意的是，1996年「縣市綜合發展計畫」也出現在國土規劃架構之中，由內政部營建署指導，原台灣省政府住都處負責執行，協助縣市政府逐年分區擬定縣市綜合發展計畫，也藉此建立全縣（市）未來長、中、短期的整體建設藍圖。

至此，台灣的國土規劃體系由上而下有「國土綜合開發計畫」、「區域計畫」、「縣市綜合發展計畫」、「都市計畫」等（如圖12-1）。其中，僅有「區域計畫」與「都市計畫」具有實際的法律效力，為法定計畫，應當為最高位階的「國土綜合開發計畫」，卻仍缺乏法律基礎，於實際執行上無法發揮指導作用。而被列為主要推動事項的「研擬《國土綜合開發計畫法》」在法條草案出來後，三度函送立法院，均未完成立法作業，直到2002年方改名為《國土計畫法》並進入立法程序。

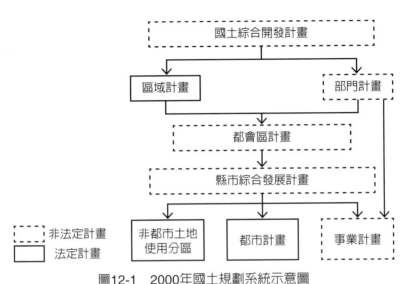

圖12-1　2000年國土規劃系統示意圖

資料來源：內政部營建署，1999年。

## 2009年後的國土

　　2009年行政院核定「國土空間發展策略計畫」，重新檢討並研擬國土空間發展政策，希望解決各部門間長久以來存在的政策競合與衝突，為此提供平台與策略的計畫。計畫中強調核心價值為：永續與調適、公平與均衡、效率與效能，以及公平與合作，實際面臨的課題包含氣候變遷調適、全球化兩岸交流、人口高齡化與少子化等。然而在此時，《國

土計畫法》尚未建立，與該計畫也難以配合銜接，故後續並未隨著《國土計畫法》的通過而納進國土計畫的計畫體系當中，現今的國土計畫並無這類型的空間策略計畫分支。

2015年《國土計畫法》三讀通過，2016年5月1日公告實施，國土規劃的架構體系邁入了新紀元。原先無法源、無強制性、無結合實際運用等問題，在國土計畫當中試圖作出統整性的解決。國土計畫為全國土地最高位階的指導計畫，將取代區域計畫，向下指導都市計畫與國家公園計畫（如圖12-3）。

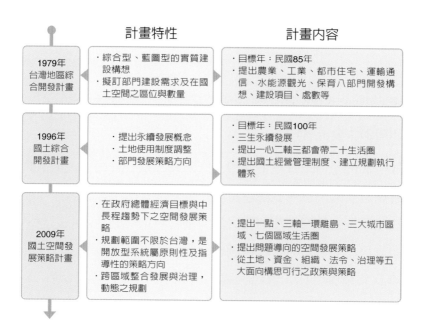

**圖12-2　台灣各階段國土規劃計畫比較**

資料來源：《國土空間發展策略計畫》，內政部營建署，2009年。

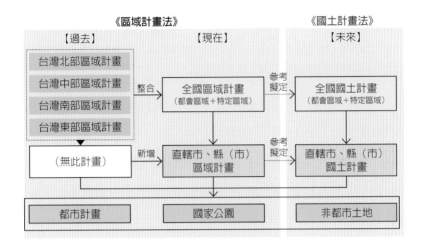

**圖12-3　空間計畫體系圖**

資料來源：《全國國土計畫》，內政部營建署，2016年。

## 區域計畫到國土計畫，農地、環境敏感地等重要議題

透過圖12-3，可以理解國土計畫正式上路後，將全面性取代區域計畫。事實上，當《國土計畫法》仍在立法院通關的時候，區域計畫曾經進行一系列的改革，一方面為了銜接國土計畫做準備，一方面也因應台灣種種重大議題進行調整。2017年公告的《修正全國區域計畫》中就納入了「農地」、「環境敏感地區」、「區域性部門計畫」等主題，作為國土計畫系統正式上路之前的銜接計畫，部分也與國土計畫目前的重要精神有所呼應。

### 強化國土保安與環境敏感地區

　　自2008年莫拉克風災重創台灣之後，各項政策與建設皆對於這類極端氣候嘗試進行回應，《區域計畫法》也配合進行了通盤檢討。回應《國土計畫法》的立法精神：「確保氣候變遷下國土安全」，國土保安躍升國土計畫架構中重要的一環。為有效挽救過往不當使用、開發在不適開發地區（或者稱為原《區域計畫》體系中環境敏感地區），國土計畫下有了國土保育的功能分區與國土復育促進地區的機制，明確指認不適宜發展區位並進行使用限制。

### 農地維護管理

　　2006～2008年爆發國際糧食危機，使得國內開始意識到糧食自給率的重要性。2011年，農委會委託研究在維持國民每人每日基本熱量及營養結構的假設情境下，計算出台灣必須保留農地面積約74萬至81萬公頃。該數字也進而納入當時區域計畫當中，各縣市甚至獲得了分量。在國土計畫研擬過程中，也訂定了「宜維護農地」的計算與呈現規範。然而，由於各種政治與資源分配爭議而拿掉了該數字，宜維護農地的設定也成為各縣市在最終審議過程中，普遍被關注的焦點。

## 後記

　　回顧國土計畫立法通過，「全國國土計畫」公告實施，各縣市政府開始辦理規劃作業，而後進入內政部審議、核定、公告實施的過程，各階段都面臨了上至中央、下至地方，不同部門之間的競合與國土資源分配的問題。違章工廠、農地總量分配、工業用地總量配額等，林林總總的議題都在近百場的會議中不斷協調、溝通。然而，這些零散的土地綜合性問題，是否存在更為有效的解決策略？

　　以日本的國土規劃作為參考，其將國土分為綜合開發與土地利用兩大體系。《國土綜合開發計畫法》自1950年公布以來，制定了五期的國土綜合開發計畫，針對全國國土分為10個規劃單位，分別提示其開發方向及策略大要；主掌土地利用的「國土利用計畫」的體系，擬訂主體分為全國、都道府縣及市町村，因應國土利用的目的，劃分土地使用分區，擬訂各分區之規模及發展目標。

　　不過，2005年日本將「國土綜合開發計畫」轉型為「國土形成計畫」，與過去不同之處，分成「全國計畫」及「廣域地方計畫」兩層級。「廣域地方計畫」將全國除北海道及沖繩外區分成8個區域，結合地方自治體的合作協定並給予

預算分配的實質權限，使廣域地方計畫的施行更爲具體，區域的角色地位更爲提升。總結來說，國土形成計畫給予地方更高的自主權，也提供了區域間調處土地問題的機制與平台，中央不再自居「指導者」的角色，顯示日本政府與立法單位因應現實的應變能力。日本至今的國土計畫有兩套系統運行，一套爲關注土地利用的「國土利用計畫」，以及關注議題調處、政策計畫的「國土形成計畫」。

　　2009年的「國土空間發展策略計畫」曾試圖達成國土策略性平台計畫的可能，可惜最終未結合國土計畫實施。而台灣的國土計畫目前僅被視爲「土地利用計畫」的關鍵原因，在於缺乏調處跨部門、跨縣市議題的策略機制，整個國土計畫最後呈現的結果落在四大功能分區的劃設。國土計畫已經在2020年修法延期，未來能否一一破除困難順利達陣？面對開發與環境保護的抉擇、農工孰重孰輕的討論延伸至農地須保留多少？農地上的違章工廠處理是否妥適？仍需要中央與地方政府持續地溝通與調整。即使前路茫茫，在這未竟之業的路上，仍舊期待能集思廣益，共創美好國土的未來。

# 1997年　小尺度的社區規劃：
# 城鄉風貌計畫

　　1980年後的台灣社會經濟起飛，都市化程度大幅提升，連帶產生城鄉差距、發展失衡、加劇生態環境破壞等問題。民間意識到此議題，加上政治氛圍逐步開放，遂有各類社會運動的迴響；而政府因應此國家發展局勢，同時回應1970年代以人為本的社區尺度規劃潮流，除了一邊加強進行都市硬體建設，對於小尺度的社區實質計畫關注也逐步提升。此時台灣的社區發展有了全新的政策方向。

　　其中，行政院經建會的「創造城鄉新風貌行動方案」，便結合多元部門、整合城鄉改善資源，而後由內政部營建署統籌預算，供各鄉鎮市依所需資源申請辦理。1999～2008年間將近10年的時間，在台灣各地以點狀式的逐步發酵，也為後續推動的社區規劃師、地方創生等政策鋪設一定的基礎。

## 回到「人」：台灣社區發展工作與規劃歷程

　　台灣的社區工作推動可以回溯自1955年，第二次世界大戰後，聯合國在亞洲、非洲等農業國家推動結合外援與民

眾自力，進行農村基礎建設及改善公共衛生條件的社區發展。聯合國的這種社區發展作法，在農村地區能快速地達到初步重建的效果，而為各國所採行（徐震，1982；張鴻鈞，1969）。在聯合國的影響下，台灣亦於1955～1957年透過農村復興委員會，指導協助於部分示範地區推動「基層民生建設」，目標在求農村經濟的繁榮，以及農村居民衣食住行育樂六大日常生活需要水準的提升。1966年之後為了爭取聯合國發展方案（UNDP）之協助，政策向以美國為首的聯合國社區發展運動靠攏，內政部正式頒布「社區發展工作綱要」，聯合國此時也派社區發展顧問來台協助社區發展研究及訓練工作，始為台灣推動社區發展的政策開端。

總結1960～1980年代的社區發展工作，以民生、民力為主，不僅缺乏專業進入，多數計畫也以戰後的基礎建設為主。1980年後台灣社會經濟產生巨變，正式邁入工業社會之後的部門資源協調成為問題，社區發展工作的政策與組織性質面臨轉型。

以城市規劃的角度而言，1960～1970年代由美國紐約珍・雅各女士（Jane Jacobs）所掀起的反現代主義都市運動激起了規劃學論的爭辯。珍・雅各女士秉持著「以人為本」的地區型生活圈規劃，重視城市中人們如何使用空間。而基

於空間對於人類心理、行為的影響，她推崇蜿蜒的巷道、低層的建築、守望相助的社區情節，反對紐約因戰後急速增加的現代高效率、以汽車為本的高樓層城市規劃。爾後，多次的抗爭活動如：華盛頓廣場公園重劃案（如圖13-1）、賓州車站拆除等，都由珍·雅各所發動，於1970年代之後在都市計畫界投下一枚震撼彈。「以人為本」的城市規劃理念至今仍深深影響了今日的空間計畫。

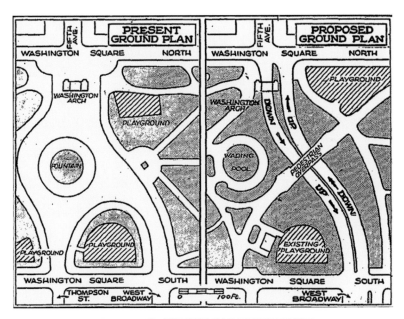

圖13-1　華盛頓廣場公園重劃案示意圖

圖片來源：WashingtonSquarePark，檢索日期：2021.06.17，取自：
https://washingtonsqpark.org/news/2017/03/07/jane-jacobs-and-the-fight-for-washington-square-park/。

## 創造城鄉新風貌行動方案

綜整上述，台灣的社區發展以及空間規劃回到「以人為本」的思考，社區發展的工作與空間規劃的思維都有了調整與再發展的契機。1994年文化建設委員會正式提出「社區總體營造」的政策概念，重視由下而上、回到在地本身的規劃思考，主要推動社區藝文發展計畫、社區文化再造計畫、社區環境改造計畫、文化產業之發展。

地方的建設與政策重點和資源的投注有直接相關，需由國家級的中央單位進行統籌規劃。於此，1997年行政院經濟建設委員會遂提出「創造城鄉新風貌行動方案」，希望整合各部會資源，以創造台灣城鄉的新風貌為目的，達成多部門結合下的綜效。隔年因應行政院的「擴大國內需求方案」政策提出「創造城鄉新風貌計畫」，由內政部營建署統籌編列預算，補助直轄市、縣（市）政府或鄉（鎮、市）公所辦理所需之規劃設計及建設等經費，確立計畫類型、申請程序、審查方式、經費核撥、各部會分工輔導、督導查核、配合措施等作業，並於2001年正式執行，為後續長達近10年的城鄉風貌計畫拉開了序幕。

## 2001～2004年「創造台灣城鄉風貌示範計畫」

本階段創造城鄉風貌示範計畫的辦理，以「創造具本土文化風格、綠意盎然、適意美質的新家園」為總目標，提出「文化、綠意、美質」行動口號。提出4年內的計畫目標如下：

· 建立中長程景觀風貌發展計畫體制，實現「一鄉鎮一特色」。

· 建立有效推動及管考機制，實施高品質、人性化之生活空間示範建設，加強經驗交流觀摩。

· 配合九二一震災重建計畫，實施災區城鄉景觀風貌示範建設，加速恢復災區生機。

· 加強教育宣導，凝塑國人新價值觀共識。

· 建立維護自然人文景觀及推動城鄉永續經營發展之制度。

在實際執行層面，內政部營建署於1999～2001年共執行三次補助計畫供各界申請。計畫類型包含：整合類、自然類、人文類，三大類下共有七種型態（如表13-1）。

表13-1　創造城鄉新風貌示範計畫──計畫類型分類

| 大分類 | 小分類 |
|---|---|
| 整合類 | 整合型：如推動形象商圈計畫或商店街計畫，研擬都市設計綱要計畫、景觀計畫或美化原則，研擬重要地區都市設計規劃等整合性、整體性城鄉景觀風貌改造建設計畫。 |
| | 其他：如景觀道路建設、社區居民參與營造、生活環境改造、獎勵民間企業團體參與認養及宣導等其他特殊景觀。 |
| 自然類 | 公園綠地型：城鄉公園及綠地系統建設計畫。 |
| | 自然生態環境型：如山岳、河川、海岸等親山親水景觀改造建設計畫等城鄉自然生態景觀。 |
| 人文類 | 城鄉公共生活空間型：如廣告物、街道、街角之景觀改造建設計畫等城鄉公共空間的塑造與凸顯，及社區生活空間景觀風貌建設計畫。 |
| | 地方人文空間型：如古蹟、廟埕廣場、地方文化資產等地方文化特色空間。 |
| | 城鄉夜間景觀型：重要建築物、公共工程、開放空間等夜間照明美化計畫。 |

　　同時，為促進計畫效果，內政部輔以督導顧問團、管考系統、研討交流會等形式加強計畫執行成效，並舉辦「魅力城鄉大獎」擴大社會參與層面。另有彙編優良案例手冊及城鄉景觀計畫操作手冊，以利各界了解計畫內涵及鼓勵參與。

## 案例：屏東縣三地門地磨兒傳統生活工藝園區（地磨兒藝術公園）

　　屏東縣三地門的傳統生活工藝園區，全區面積共約90公頃，設計到工程作業辦理時間為2002～2003年，由屏東縣三地門鄉公所主辦。在2002年獲選「第一屆魅力城鄉大獎」的優良生活文化環境景觀獎，屬於魅力城鄉官方網站中羅列的「全台優良示範案例」。

　　其中，別具特色的地磨兒藝術公園是本計畫中的一大亮點。「地磨兒」是排灣族語「timur」，即代表三地村，也意旨排灣族為太陽子民。地磨兒藝術公園位於三地門鄉公所上方約200公尺處，是舉辦排灣族豐年祭、南島族群婚禮、桐花祭賞花及當地祭典等活動的場地。公園的規劃設計到施工，皆強調「部落文化的展現」以及「在地的參與」。計畫當中，投入屬於原住民族的工法與設計，融合信仰、習俗的文化內涵，包含：以排灣族統工法砌出的石板矮牆、雕有象徵十個村落的百合花的祖靈柱，以及象徵排灣族的團結合作的百步蛇座椅等（如圖13-2、圖13-3）。

　　執行過程中討論團隊囊括了在地耆老、文史工作者、居
民、鄉公所與委辦公司。歷經了長時間的討論與磨合，規劃
者、行政團隊、在地民眾在過程中確實地進行有意識的溝通，

圖13-2　地磨兒藝術公園祖靈柱

圖片來源：交通部觀光局茂林國家風景區管理處，檢索日期：2021.05.26，
取自：https://www.maolin-nsa.gov.tw/04001203.html。

並展現自身對於在地的認同與責任感，達到了最初「創造城鄉風貌計畫」的目的，也實現了一項地方引以為傲的公共設施，建立起地方自明性的第一步，也加深了在地自我認同。

**圖13-3　地磨兒藝術公園生命舞台**

圖片來源：交通部觀光局茂林國家風景區管理處，檢索日期：2021.05.26，取自：https://www.maolin-nsa.gov.tw/04001203.html。

## 2009〜2012年　台灣城鄉風貌整體規劃示範計畫

　　延續「城鎮地貌改造—創造台灣城鄉風貌示範計畫」第二期計畫，2009年的「台灣城鄉風貌整體規劃示範計畫」作為第三期計畫，在行動內涵上除了延續主張建構「文化、綠意、美質」、「幸福都市、民眾參與」之城鄉生活綠網新風貌外，更期待城鎮地貌改造計畫，未來能積極整合都市更新計畫，強化國家整體競爭力與締造區域均衡發展。該期計畫目標期待能以「Local Agenda 21」[11]之精神與模式鼓勵地方參與生態改造運動。

## 2013〜2016年　城鎮風貌型塑整體計畫

　　在本次計畫中，檢討了過去十多年來城鄉風貌在行動內涵上，以建構「文化、綠意、美質」、「幸福都市、民眾參與」之城鄉生活綠網新風貌，創造許多小而美之公園、綠地、社區閒置空間，以及河廊、路廊等都市綠軸創意空間改造。

---

11　「Local Agenda 21」源自於1992年聯合國地球高峰會通過之「Agenda 21」，主旨為將環境、經濟和社會關係各項納入一個單一政策框架。「Local Agenda 21」則建議政府將此概念導入地區作為生態和永續發展的準則。

　　然而，為因應全球氣候變遷挑戰，提升城市競爭力，以過去小規模、單一資源投入模式，並無法與時俱進跟進城鄉規劃理念，且難以即時應對全球議題。因此，該計畫參考先進國家推動之綠色首都及生態城市規劃理念，融合都市綠化、人本交通、微氣候調適等概念，鼓勵各直轄市與縣（市）政府進行城鎮整體規劃，經由計畫引導並透過區域合作、跨域資源加以整合。

## 2017～2020年　前瞻基礎建設計畫－城鄉建設－城鎮之心工程計畫

　　在過去城鎮風貌推動機制與改善成果下，於2017年起配合國家重要政策「前瞻基礎建設計畫」下轄內政部負責之「城鎮之心工程」，推動城鎮街區核心生活機能改善，建構城鎮整體生活環境，進而支援在地產業、培力社區人才、整合在地資源等，並融合城鎮景觀、部門建設、地方產業、居住環境及居民認同，以達到城鄉均衡發展願景的目標。

## 2020～2026年　城鎮風貌及創生環境營造計畫

　　延續過往城鎮之心計畫，2021年起「前瞻基礎建設計畫」下的「城鎮風貌及創生環境營造計畫」正式上路。配合

國家永續發展，追求首都減壓、區域及城鄉均衡，聚焦城鎮再生、積極建構社區創生特色之社會夥伴關係，並配合推動地方創生之相關營造計畫，以期改善地方宜居青創環境，增進城鎮風貌全方位魅力，提升整體競爭力。整體計畫仍著重計算綠地面積的綠化程度、社區駐地輔導、氣候變遷、舊城區更新等議題。

　　由內政部營建署主管的城鄉風貌計畫自1997年啓動迄今，已20餘年。社會環境與國際趨勢的變動也影響著台灣城鄉的樣貌，由早年因城市急速發展下忽略鄉村規劃所造成的環境景觀、人文能量低落的問題，到如今面對高齡化、少子化的大趨勢下鄉村消滅的危機，兩者之間計畫所著重的角度有著不小的差異。也是因爲議題導向的差別，使得「風貌」建置的計畫主體，到了近年來越來越著重「整體性」與「跨部門」。此外，日本地方創生的概念也在這幾年席捲全台，2019年台灣訂定爲創生元年，也爲城鄉風貌的計畫訂立了另一個新階段的計畫導向。

## 後記

　　城鄉風貌一系列的計畫延續近20年的推動經驗，眞正價值存留不僅限於實體建設的成果，而在於社區意識的凝聚。回

顧1960、1970年代珍・雅各女士在美國提倡的人本社區，精準抓住的就是人與空間、人與人之間的連結情感。當人一旦對自身所處的空間產生意識，自然生成主動計畫、由下而上的改造力量，這也是社區發展工作到後期成功與否的關鍵。

若是回到現今台灣社區發展或是小尺度地區發展的課題，「跨部門資源整合困難」、「缺乏整體發展計畫」仍是持續存在的問題。可見對於一個地區的發展藍圖到實現，仍面臨整合與整體性構想推動問題。農委會有農村再生、營建署有城鎮之心、經濟部有一系列的商圈營造計畫、國發會有地方創生計畫等等，種種計畫各有其獨立的願景與目標，該如何彙整、統合？這些計畫對於地區經營而言，是助力？還是建設無效設施的源頭？如今城鄉發展的重點已是面對人口失衡與產業垂危的兩大問題，經濟自足體系的建構比單點式的工程建設更為重要。

2019年是為台灣的地方創生元年，象徵城鄉、社區尺度的規劃有了全新的方向，業界也早已不乏有與地方結合的創生經驗，達到使人口回流、產業提振的創生可能，未來能否看見各地區發展開花結果，值得持續關注。

# 2000年　城市文資不自燃：大稻埕歷史風貌特定專用區

　　文化資產，指的是具有歷史、藝術、科學等文化價值，並經指定或登錄的有形及無形資產。1960年代歐洲開始思索舊城區的保留問題，1970年代《世界遺產公約》的擬定，顯示文化資產的保存已受到國際間的重視。文化資產是人類生活的痕跡、連同整個城市一同生長、歷經時間的淘洗。它在都市當中的保留與否？如何保留？體現了一個城市對待其歷史與其自身價值的態度。

　　過往在台灣的案例，都市更新地區發展的推動，常見到以「推土機」式的全數重建的慘烈情形，引發「古蹟自燃」[12]的現象者也多有所聞。文化資產的本意是為了彰顯歷史文化的價值，帶給社會大眾教育以及歷史延續的正向效益，為了保存文資所訂定的種種規範，對於所有權人來說卻成了不能改建或重建等等的財產權受限，預期的正向效益不

---

12　「古蹟自燃」現象意指具歷史價值之建築物面臨都市更新、劃定歷史街區或文化資產身分認定時，因所有權人（或相關人士）不願具法定文資身分而使其財產受相關法令限制，人為引起標的建物火災的情形。

易回饋到所有權人身上，而使其排斥文化資產、歷史街區等劃定身分，這樣的現象常阻礙了台灣的文資保存利用之路。然而，早在20年前，台北市大稻埕地區的迪化街就意識到歷史風貌保存的重要性，開啓一系列的歷史街區保存、活化以及經營之路。作爲台灣第一個以文化資產保存爲主軸的街區活化案例，它有怎樣的故事呢？

## 風華大稻埕：南北貨的聚散之地

　　大稻埕地區泛指迪化街一段之老市街與外圍地區，而具體落在特定專用區計畫的範圍爲：民權西路、延平北路東側、南京西路南側與環河北路一段所圍之地區。大稻埕地區的發展背景與淡水河息息相關，1850年該地區便開始匯聚商號，1860年淡水河開放外國人通商，各類物產透過本地集散、銷售至全世界。清朝治台時期，大稻埕地區洋行遍布，以茶、稻米、樟腦、中藥和鴉片爲主要進出口商品，加上當時巡撫劉銘傳下令興建的第一條台灣鐵路（台北至新竹段），「台北車站」便設在於此，當時大稻埕的繁盛程度可見一斑。

　　到了日治時期，市區改正計畫以及由日人所引進的建築形式，成爲現今大稻埕地區最早的風貌雛形。華麗的紅磚與

拱柱、西式古典樣式的店面以及筆直、寬敞的街道，搭上延續過往的貿易風氣，大稻埕地區在當時成為20世紀初最為先進、流行的區域，透過台灣畫家郭雪湖於1930年的畫作《南街殷振》可見大稻埕地區當時的繁盛景象（如圖14-1）。同時，大稻埕也聚集許多優秀的台灣人才，自由、開放的氛圍打造了台灣新文化思潮的源頭，如：蔣渭水政治運動。

到了日治後期至國民政府遷台之後，台北火車站遷址、淡水河港的淤積導致河港貿易的功能衰退，逐步完善的鐵路系統使得原先以水運為主的大稻埕地區貿易地位逐漸下滑。同時，台北的

圖14-1　1930年畫家郭雪湖之作《南街殷振》

圖片來源：郭雪湖（原圖由臺北市立美術館典藏），檢索日期：2021.06.15，取自：https://commons.wikimedia.org/wiki/File:%E5%8D%97%E8%A1%97%E6%AE%B7%E8%B3%91.jpg（依臺北市立美術館政府網站資料開放宣告使用）。

商業重心也不斷遷移，逐漸遠離了大稻埕——1960年台北市西區西門町、中華商場與站前一帶熱鬧場景，1980年後重心逐漸轉移至東區。大稻埕地區與其華麗、復古的西式紅磚建築店面在歷經了近百年的風華之後就此沉寂了一段時間。

## 商業活絡與歷史保存之爭：道路拓寬到特專區之擬定

大稻埕的歷史風貌保存由迪化街的道路拓寬為起頭，而道路拓寬的作法係源自於對於地方商業發展振興的構想。1977年通過的「變更迪化街寬度案」，預計將原先7.4公尺寬的迪化街拓寬至20公尺，以當時的都市計畫構想，期望利用寬敞筆直的大路，帶進更具發展性的商業活動，這個方案也受當地做生意的居民所擁護。不過，如此一來將拆去大稻埕的經典意象——華美古典的建築立面，故都市保存的概念浮上這個議題之中，激起許多關注歷史資產保存的地方團體開始為大稻埕的歷史風貌保存進行努力。拓寬或保存？成為本階段的主要議題。

1983年，台北市都市計畫委員會提出了「特定專用區」保存的建議，意味著將歷史保存的重任放進都市計畫中進行規劃。而後市府持續朝向特專區的方向，為迪化街擬定相關

的管制原則與研究，同時持續與期望以商業發展為重、進行道路拓寬方案的在地團體進行交涉與溝通。而相關市府單位也在此階段，為迪化街指認了歷史建築物，各個行動象徵市府對於迪化街歷史保存的重視程度與保存傾向逐漸明確。2000年，歷經近10年的討論與協商，「變更台北市大同區大稻埕附近地區主要計畫為大稻埕歷史風貌特定專用區」正式公告，迪化街與周邊地區正式劃入特定專用區，同年公告「擬訂台北市大同區大稻埕歷史風貌特定專用區細部計畫案」，其中以附件方式包括了歷史性建築物認定的作業要點、都市設計管制要點以及容積移轉作業要點，就此為大稻埕歷史風貌維護保存建立了具法律效力、明確的規範。

## 大稻埕歷史風貌特定專用區計畫介紹

本專用區計畫範圍係包含民權西路、延平北路東側進身30公尺、南京西路南側進身30公尺、環河北路一段所圍地區，共約26.1公頃（如圖14-2）。計畫當時的人口有1萬6,000人左右，在地產業以布業、中藥業、南北貨為主，三種類型產業約占總商家數的六成。計畫目標有三：均衡街區發展、塑造地方公共空間與景觀、促進歷史風貌保護。整體計畫除了以歷史風貌保存為重點，也將在地商業的再發展、新舊街區的融合視為重要項目。

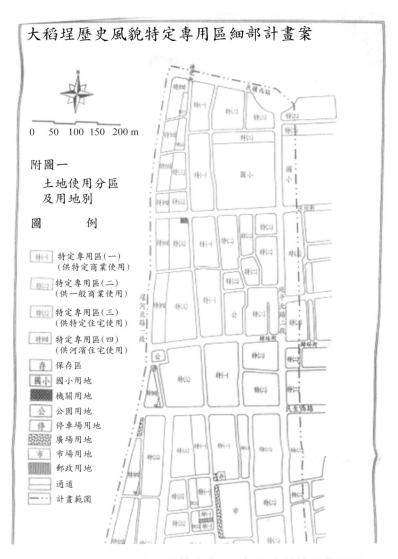

**圖14-2　大稻埕歷史風貌特定專用區範圍土地使用分區圖**

圖片來源：擬訂「台北市大同區大稻埕歷史風貌特定專用區細部計畫案」，台北市政府，2000年。

　　在土地使用分區上，原先住宅、商業區在特定專用區當中轉換成了「特定專用區（一）～（四）」的分區，並針對迪化街周邊街廓容積的計算、歷史建築物指認、都市設計有了明確的規定（如表14-1）。

表14-1　2000年大稻埕歷史風貌特定專用區細部計畫

| 使用分區 | 建蔽率（％） | 容積率（％） | 備註 |
|---|---|---|---|
| 特定專用區（一）（供特定商業使用） | 80 | 560 | 鄰接迪化街之建築基地參照原20公尺計畫道路為標準，另有規定。 |
| 特定專用區（二）（供一般商業使用） | 80 | 560 | 鄰接迪化街之建築基地參照原20公尺計畫道路為標準，另有規定；鄰接安西街另有規定。 |
| 特定專用區（三）（供特定住宅使用） | 60 | 300 | 鄰接迪化街之建築基地自現有道路地籍分割線進深20公尺內，容積率不得超過390％。 |
| 特定專用區（四）（供河濱住宅使用） | 60 | 400 | － |

資料來源：《擬訂台北市大同區大稻埕歷史風貌特定專用區細部計畫案》，台北市政府，2000年。

圖14-3　2000年迪化街一景

圖片來源：文化部國家文化資料庫收藏，原圖爲行政院新聞局所有。

## 乾坤大挪移：容積移轉之法

　　大稻埕地區在改定為特定專用區之前，多數為商業區且編定的容積率極高，故在轉換成特定專用區之後對於容積率的限制，勢必形成落差與衝擊，直接影響不動產發展強度與土地紅利。針對這樣的課題，在這次計畫當中設計了「容積移轉」的機制，將範圍內建築基地之可建築容積，一部分或全部移轉至另一宗建築基地。相關說明如下：

・「送出基地」之限制：經本計畫認定之歷史性建築物所定著之土地、本計畫歷史街區內之建築物所定著之土地、經台北市都市更新審議委員審議通過之土地。

・「接受基地」：指定接受區包含本計畫除歷史街區以外之街廓、淡水線與木柵線捷運鄰近街廓、大同區重慶北路與承德路兩側街廓、內湖第四期與第六期重劃區、基隆河截彎取直計畫地區；除前述範圍，台北市行政區內任一宗可建築用地。

・容積移轉計算公式：接受基地移入之容積＝送出基地移出之容積✕申請容積及轉當期送出基地之公告土地現值／申請容積移轉當期接受基地之公告土地現值。

　　這樣的計算方式代表著「價值轉換」的過程，意味著容積的分配應因應不同城市地區的性質有所轉換。

# 規劃錦囊：容積移轉與文化資產

## 容積率？建蔽率？

建蔽率爲建築基地之水平投影面積。意思爲建築面積占基地面積之比率，也就是一塊土地上可以蓋的建物面積，屬於平面的管制；容積率爲基地內建築物總地板面積與基地面積之比，是一塊土地上可以蓋多少層樓的依據，屬於立體的管制。建蔽率與容積率是都市計畫當中對於建物與街道空間、天際線塑造、發展強度最爲根本的設計方法。前者對於一宗建築基地的公共空間留設有決定性的影響，後者與建物的高度直接相關。

## 文化資產與容積移轉

容積率與建蔽率對於一地的城市意象塑造有關鍵性的影響，在土地使用的效率與人口發展的密度規劃之下，容積率常被視爲發展強度的象徵。故在文化資產之定著土地，甚至其周邊的土地都會因應歷史風貌延續的目標，產生容積的調降或移轉需求。「容積移轉」制度的設計，主要在透過指定文化資產的同時，因應建築強度的發展受限，而直接影響所有權人的財產價值。透過「容積」出售、轉移的方式，降低其因指定文化資產或其他公益使用，而導致的財產權益受損程度。

　　在台灣，目前以《古蹟土地容積移轉辦法》以及《文化資產保存法》作為這類型容積移轉的上位法律，送出基地可移出之容積，以移轉至同一都市主要計畫地區，或區域計畫地區之同一直轄市、縣（市）內之其他任何一宗可建築土地建築使用為限。非屬指定文化資產之建築基地容積移轉則依照《都市計畫容積移轉實施辦法》，然送出基地條件以具保存價值之建築所定著之土地為主。本案例的大稻埕歷史風貌特定專用區當中所採用的方式為一般的都市計畫容積移轉，而這類型的容積移轉也被多處地方政府所運用。

## 今天的大稻埕與迪化街：容積移轉行不行？

　　容積移轉的作法本是為了調和因劃定歷史街區對所有權人所造成的外部性問題（例如：使用受限、短期發展受限等），然而其一直都頗具爭議性。目前除了古蹟歷史建築的容積移轉制度，包含公共設施保留地、水利設施用地等議題都有容積移轉的運用。部分地方政府視容積移轉為夢幻政策工具，以此為城市重新布局發展面貌的策略工具，然而有心人士的過度濫用，卻也讓這樣的制度成為地價炒作的元兇之一。

　　在大稻埕地區，容積移轉的方案因應台北市龐大的容積買賣現況而有所調整。為了適度控管容積市場，2016年的大稻埕歷史風貌特定專用區計畫通盤檢討之中新增了許多容積移轉限制，包含接收基地面積與區位、送出容積量等。然而，在過去幾年，原先滿懷期待售出的容積並未如同原先預期售出，新增的限制恐增加容積出售的困難，種種窘境也造成了在地居民的不滿，發動陳情書千餘份，該次通盤檢討在都市計畫審議會中遭退回。

## 除了容積移轉，還能做什麼？

　　針對都市更新地區與文化資產保存的議題，除了原先都市計畫當中所設計的容積移轉辦法，各方團體也嘗試於大稻埕地區推動多元的再生方案。例如：在地商圈於2008年正式推動迪化街部分街區於假日時段成為徒步區，為在地的商業活動與歷史文化推廣結合；此外，2010年台北市都市更新處推動「都市再生前進基地計畫」（URS），共有5處基地進駐迪化街，以政府單位出發，鼓勵民間單位進駐，由大稻埕創意街區發展協會與大稻埕地方創生公司合作進駐，希望透過文創與社區對話的力量，活化古建築群。

　　另一方面，迪化街台北年貨大街計畫近年來發展蓬勃，已成為農曆新年期間台北一處觀光勝地，迪化街的發展仍舊延續著百年前活絡的商業風貌，在現代城市之中為其特殊定位及在地生活拔河，為歷史保存與文化發展、都市計畫規劃等面向，都提供了良好的實驗機會。

**圖14-4　大稻埕歷史風貌特定區立面一景**

圖片來源：本團隊拍攝。

圖14-5　大稻埕歷史風貌特定區立面一景之屈臣氏大藥房

圖片來源：本團隊拍攝。

## 後記

　　城市本身承載了時間流動的連續性，新與舊之間、過去歷史與新發展的調和能力，也考驗著城市發展的魅力。迪化街的案例是文化保存理想與現實在地生活拉鋸的一面鏡子，歷史文化保存的理想對於城市規劃而言，早已形成顯學。容積移轉的手段是本案例的精彩之處，是一種文化資產的外部效益內部化的創新調處設計，以土地紅利轉移的方式確保所有權人的權益保留，降低劃入歷史保存區對在地所造成的衝擊。儘管在後續仍有諸多爭議，隨著大環境的改變應當持續進行更為細緻、符合當代需求的改善與調整。

　　歷史街區資產的保存、規劃及經營管理的架構，大致上可區分為前段的「保存」以及後段的「經營」兩部分；前段的保存著重在標的建築或街區的本身文化價值留存，而後續的經營則更注重其與當代世界不可分割的緊密連結。與當代社會的使用連結，才能彰顯並正向鼓勵其資產價值的提升與運用。

　　大稻埕地區的文化資產保存，很幸運地在相當早期就受到大眾所重視，然而現今台灣文化資產保存之路尚不能稱作順利。回顧《文化資產法》與其施行細則，它們確認了文化

資產的保存認定、程序及事則單位，卻缺乏後續經營與長期營運的誘因與配套制度設計，單調的強制與限制反而使整體推動保存效率低落。

參考國外歷史街區保存的經驗，除了街區建物本身的保存以《都市計畫法》加以管制其風貌，後續經營管理的經驗常見的是以「法人」型態藉由贈與、信託等方式募集資金，並在地方政府及法令的協助下取得歷史建物，以募得款項進行整修及維護，完成後得以在規範之內經營業務。如此一來，劃定為歷史街區意味著將有營運專責團體的進駐，為地區帶來新的發展機會，增加地區自明性也促進繁榮，反而使所有權人為自身的文化資產感到與有榮焉，而不似如今每當劃定歷史街區之時就傳出古蹟、歷史建築失火之事。這些經驗也許亦值得在持續推動此類城市改造時策略面的參考。

正向循環方能加速推動城市歷史文資的保存效率，甚至順勢帶動地區發展。未來期望台灣的文化資產與相關制度能納入後續經營管理的制度與理念，打造歷史與現代共存共好的城市。

# 2001年　農村再出發：新竹北埔南埔 社區　農村再生計畫

　　台灣自戰後發展50多年以來都市化程度大幅提升，都市大量吸引原鄉村人口就業、居住；大環境成功的產業轉型（由農轉工商）卻使得農業逐漸式微。農村的「人口」與「產業」皆式微的情形下，長期下來缺乏有計畫及系統性來協助整體發展，建設及公共設施不足，導致農村發展相對落後。

　　文建會於1994年提出「社區總體營造」政策概念，促使各中央機關將這類由下而上運作的計畫類型，納入政策重點的一部分。農委會主管的「農村再生計畫」對於農業振興則有著更重大的責任。回到農村頹敗的原因，產業價值消退是關鍵議題，過去台灣重工抑農的發展使得農業價值遠不如其他產業，故對於農村價值的再塑，農村再生嘗試回到農民、農地以及農業的三元素，試圖為農村創造一種具永續願景的發展模式。當時，這場無人知曉是否能成功的「新型社會實驗」在各地播下種子，而新竹縣南埔社區就是首個開花結果的場域。

## 北埔的穀倉：南埔社區

　　南埔位於新竹縣北埔鄉的西南側，北鄰台三線，東鄰大林村，南接南坑村，西隔大坪溪與峨眉鄉相望（如圖15-1）。地形因四周由大坪溪、峨眉溪所環繞，形成河階地形，取水便利且不易淹水，得天獨厚的地理位置為當地注入農業生產的絕佳條件。

　　有了天然環境的幫助，南埔社區自發展初期即充分利用水源優勢發展農業。南埔地區自上一世紀中開始，開闢北埔之水源引水至該地灌溉，長期以來闢建大大小小人工開鑿的引水隧道，在南埔地區蔓延約3公里的長度，為新竹縣兩大水圳之一，灌溉了整個南埔地區約70公頃的水稻田，故南埔素有「北埔鄉穀倉」之美譽。

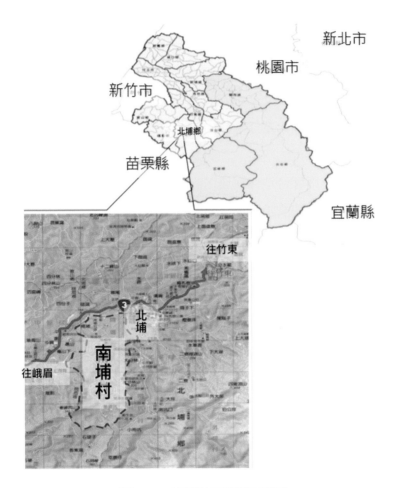

**圖15-1 南埔社區位置示意圖**

圖片來源：《新竹縣北埔鄉南埔社區農村再生計畫》，新竹縣北埔鄉南埔
社區發展協會，2001年。

## 社區動能累積到執行農村再生計畫

　　農村之中主要產業依賴農業，農業的命脈在於水源，而南埔社區的危機也源自於此，近3、40年來主要灌溉的來源——南埔水圳水量逐漸減少。尤其在九二一地震後，山洞的崩塌、高低位的落差、圳體漏水等都造成水量的不足。種種因素致使南埔台地休耕農田的面積高達六成以上。在地居民對於先民遺留的重要灌溉設施逐漸荒廢感到不捨，社區對於保留先民的開墾遺跡產生共識，進而於2008年啓動全村休耕一年、修復水圳的活動，此舉可見該地區的地方動能強大且凝聚社區意識之活力十足。

　　有關農村再生的前提：「由下而上」，地方是否有足夠的執行動力，則帶有關鍵的影響。南埔社區自1996年起即設立社區發展協會，2006年農委會水土保持局選中該地作為培根社區課程試辦的地點，2008年則晉升為農村再生的試辦社區。在此之後，居民逐步形成對於社區願景與發展的共識，由下而上結合三生的目標為地方創造動能，進而推動成功，成為全台灣第一處《農村再生條例》通過後的農再社區。

　　成為水保局農村再生社區的試辦地點後，有高達95%的居民認為水圳修繕是南埔社區再現往日風華的關鍵因素，因此水圳修復成為該計畫過程中的主要議題。水圳修復的挑戰

涉及工程、土地權益等面向，土地部分涉及的跨機關協調整合以及公、私有地的地界長期以來劃分不清等問題，一向被視爲不可能的挑戰；而工程面向更是困難重重，四位當地耆老不畏困難前往圳底清淤的故事，更成爲一段佳話，爲南埔社區的再生經驗增添一大亮點[13]。

圖15-2　南埔水圳總汴頭

圖片來源：新竹縣北埔鄉南埔社區發展協會，檢索日期：2021.04.23，取自：https://nanpu.wordpress.com/景點介紹/。

---

13　有關南埔水圳修復之故事詳見行政院農業委員會網站〈農村72變系報導之68：水保阿甘，打造幸福新農村～新竹縣北埔鄉南埔社區〉一文，取自：https://www.coa.gov.tw/ws.php?id=23979。

## 規劃錦囊：農村再生

### 農村為什麼需要再生？

農業是台灣早年的根基，然在邁向工業社會且都市化的過程，歷經將近40年後，農業逐漸式微，連帶農村價值與生活環境逐漸走下坡。約20年前，農村的議題逐漸浮現在大眾眼前，人口老化嚴重、公共設施缺乏，整體發展動力薄弱，農村的意象與實質發展情形岌岌可危。過往政府多投注心力於都市的規劃當中，對於農村地區鮮少著墨。而國土「整體規劃」概念成為主政者的重心，提醒了大眾不只需要關注都市內的發展，農村（鄉村）同樣需要有所改變。

### 農村再生的地位與作用

農委會自2008年起擬訂《農村再生條例》，並於2010年公告施行，在這項法規中賦予農村再生的法定計畫權力與經費來源，給予這項計畫主要的實質功能。而農村再生的推動策略為：由下而上、計畫導向、社區自治、硬體與軟體兼顧。推動步驟有個口號：「農村再生，先做培根，培根做好，根留農村」，亦即要成為核定的農村再生社區，必須先進行培根的計畫，凝聚社區共識才能充分利用該計畫的資源。而後也推動多元人力培力的訓練與活動，如：大學生迴

游農村競賽等，以及各項跨界合作、新農業推廣等措施。根據水保局的統計，截至2015年共有600多處社區提出農村再生計畫申請，500多處社區核定。

　　參考現正執行中的農村再生第三期計畫（2020～2023年度），具體工作項目有四大項：在地經濟與競爭活力、生產環境與生活空間、文化襲產與知識創新、社會資本與夥伴關係。預期透過上述工作達成以下目標：吸引青年留農或返鄉、創造就業機會、帶動年度農業及農村休閒旅遊、增加農業及農村經濟產值、推動農村活化再生、改善農村再生社區整體環境品質等。農村再生執行10餘年至今，計畫重點也持續朝向地區自明性與在地產業的耕耘，為三生（生產、生活、生態）的融合願景打造新農村。

　　目前涉及農村地區的政策計畫除了有農委會主導之「農村再生」，土地規劃主管機關內政部營建署「國土計畫」下的「鄉村地區整體規劃」，此計畫將在整體規劃的概念下有實質變更土地地用設定的功能；此外，由國家發展委員會主導的「地方創生」，也對農村社區有一定的影響力，能彙整各部會平台提供地方所需的發展資源。以上都將會是農村社區可見的相關資源投注來源。

## 南埔社區農村再生計畫

　　2006年在培根訓練的過程中，南埔居民們訂定社區發展願景——黃金水鄉，希望打造出一個「幸福歡笑、活力永續、健康無毒的綠色家園」（如圖15-3）。故在整體發展構想中，以公共設施建設、個別宅院整建、產業活化、土地分區規劃及配置公共設施構想（如圖15-4）等主題進行發想，其餘尚包含社區照顧、飲水設備改善等。而在後續管理維護方面，則主要以社區義工與再生計畫委員會的成員為主要推動力量。

**圖15-3　南埔黃金水鄉宣傳單**

圖片來源：新竹縣北埔鄉南埔社區發展協會，檢索日期：2021.04.23，取自：https://nanpu.wordpress.com/景點介紹/。

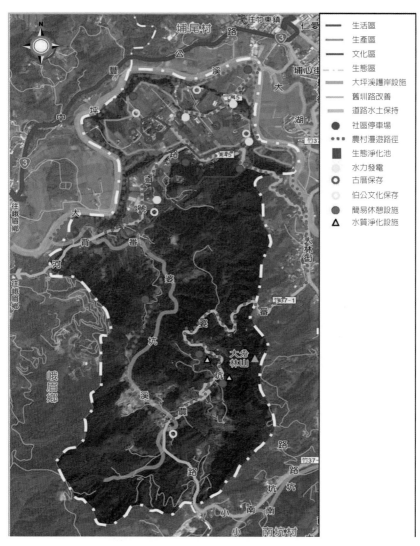

**圖15-4 南埔社區農村再生計畫功能分區與公共設施示意圖**

圖片來源：《新竹縣北埔鄉南埔社區農村再生計畫》，新竹縣北埔鄉南埔
社區發展協會，2001年。

　　農業是農村的根，農村再生計畫除了對於地區的公共設施、文化歷史進行盤點、改善，針對既有農業的附加價值提升，生產技術亦需有所進化。參考南埔社區2014年的計畫，產業活化部分的計畫包含：有機無毒農業輔導、成立產銷班、舉辦農夫市集、導入農村生活體驗活動等。預計導入土壤、水質與農品檢驗，並建立生產履歷、辦理農夫市集等。實際執行上由農糧署、水土保持局進行協助，針對產銷班、無毒生產、土壤水質及農產品檢驗等技術性操作進行投入。

圖15-5　南埔米產品

圖片來源：「幸福南埔黃金水鄉」臉書粉絲專頁，檢索日期：2021.06.11，取自：https://www.facebook.com/nanpu。

## 特殊成就與現況

南埔社區不僅在2011年成爲全台第一個農村再生計畫核定社區，2013年獲行政院環境保護署認證，成爲新竹縣第3座「環境教育設施場所」，社區規劃出6個環境教育學習場地，包括水力發電、稻田耕作展示、古農具館等，場域定名爲「南埔黃金水鄉生態農村」，以水圳文化與農村食農教育作爲課程主體。其中，社區環境教育推廣除了學校與社會環境教育，還包括農事體驗、社區參訪交流與經驗分享、年度文化節令活動辦理、執行環境教育相關計畫案、推動友善耕作農產的「穀東」制度、協助長輩關懷課程與共食等。

2017年南埔社區獲得了水保局主辦之「第一屆金牌農村競賽」的金牌，近年來持續與水保局合作推出系列活動，以「里山倡議」[14]爲理念，利用重要的產業及文化地景，如：百年水車、觀音步道、生態池、錦繡堂與蕭家老宅等處，吸引更多遊客參與社區的生態、歷史導覽活動（如圖15-6、圖15-7），以永續經營的方式帶動社區產業與發展。

---

14　「里山倡議」係指以類似日本里山地景的複合式農村生態系爲目標，謀求兼顧生物多樣性維護與資源永續利用之間的平衡，建構在地生態產業，創造新的就業市場，增加居民收入，以達到協同經營。

圖15-6    南埔社區環境教育體驗──水稻田生態漫步

圖片來源：新竹縣北埔鄉南埔社區發展協會，檢索日期：2021.04.23，取
自：https://nanpu.wordpress.com/景點介紹/。

**圖15-7　南埔社區石爺祭**

圖片來源：新竹縣北埔鄉南埔社區發展協會，檢索日期：2021.04.23，取
自：https://nanpu.wordpress.com/景點介紹/。

## 後記

　　台灣的人口結構與鄉村發展情形所面臨的困難，日本在過往就已經視爲重大國家發展危機。面對整體人口減少，同時都市化程度又持續上升，加劇鄉村地區人口流失的狀況，甚至有專家預言日本到了2040年即將有800多個村莊消失。日本前任總務大臣增田寬也曾經著作說明：爲避免「地方消滅」造成國家安全問題，地方創生的政策因應而生。「地方消滅」一詞的激進程度，代表一直以來大衆強調「區域均衡」的理想面臨了危機。與日本情形類似的我們，當然無法再忽視地方的發展與規劃需求，而在過往10餘年各類型的計畫也試圖改變這樣的景況。

　　本案例的農村再生執行已於數十年，對於台灣農村的改變累積無數感動人心的故事，實際上對地方所帶來的效益可以驅動國土整體健康的發展，充分展現「適地適性」的均衡價值，而非齊頭式的平均或均等。農地具有多功能性的角色，尤其在氣候變遷的威脅之下，生態服務系統功能亦受重視。然而，農地（土地）、農業以及農村是三位一體的關係。沒有好的農村環境，亦影響農業生產與農地保存。

　　回顧2007～2008年間全球所爆發的糧食危機，加上近年來極端氣候的加劇，台灣糧食自給率成爲關注的焦點，生

產糧食的土地究竟是否足夠也成為錙銖必較的戰場。內政部先前更為此訂出了全台灣（各縣市）宜維護農地的總量，顯示農業與農地的重要性相較以往已提升至更高的層次。回歸農村再生的本質，不只是偏鄉產業發展的議題，更有國土戰略層次的重要性。所謂的「再生」不應是另一個都市化的成果，如何適切地掌握農村發展的意義與內涵，以正確、適地適性的行動，持續在各地全面開展、推動，亦是未來計畫推動與守護的重點。

# 篇章 4

## 十年翻轉
## 新未來

時間：2010以後

# 前言

　　2010年到今天，台灣的人口結構已是高齡少子化社會，2018年正式邁入高齡社會（老年人口達14%），預計2025年將進入超高齡社會（老年人口達20%）。人口與自然增加率則是逐年下降，甚至出現負值，由2010年的2.71%到2020年的-1.78%，2020年總扶養比來到40%，其中扶幼比為17%、扶老比為23%，數值皆為近10年來的最高點，高比例的老年人口與超低的生育率已成為如今重要的課題。而都市計畫統計至2019年止，全台共有414處都市計畫區，總面積逾48萬公頃，台灣都市人口比例維持約79%左右，都市化指數的平穩顯示人口的社會遷移情形就大數據來看，近10年趨於穩定狀態。

　　台灣的都市從戰後發展至今也逾60年，若追溯自更久遠的發展背景，許多城市甚至已發展逾百年以上。若將城市的發展階段以「開發、興盛、沒落、轉型、再生」視為一循環，「轉型」與「再生」為現在多數都市所面臨的發展階段。檢視近10年城市重要的改造計畫，有以整個城市打造多元、多核心發展的台北市東西區門戶計畫，有強調港市合作

全面再生的基隆都市再生策略；南台灣則有以百年古都兼容新興科技城的台南、以港灣工業區重啓的高雄亞洲新灣區。各項計畫都是進行式，無論執行時間長短，在計畫當中都能充分展現每個城市的發展背景與未來的願景，訴說著「我們從何處來？又要往哪裡去？」的全面觀，正蓄勢待發、迫不及待地爲台灣城市掀開嶄新的一頁。

# 台北：
# 多核心城市更新門戶計畫

　　台北市作爲台灣首善之都，自清領後期1884年台北府城建城，1902年設立市，由淡水河、大稻埕的河港貿易開啓由西向東發展的城市軌跡。發展至今約130年的歷史，已經成爲台灣國際化首屈一指的代表之城，也在國際間占有一席之地。這樣的台北，近年來持續進行城市的更新與改造，其中代表性的案例之一，即是有城市門戶再造功能的東、西區門戶計畫。

　　一個城市中，常見到新舊並存、多核心的多元化發展情形——舊城部分採用保存、小尺度的修補，爲過去的歷史保留脈絡；新興發展區域則是高密度與高都市化的大興土木，這樣的例子在全球的大城市都可以見到。巴黎的舊市中心保留著自奧斯曼計畫以來的城市氛圍，圍繞著凱旋門放射狀的大道周邊至今仍維持著19世紀以來的樣貌；距離5公里遠的拉德方斯（La Défense）則是歐洲重要的商業重鎮，摩天大樓圍繞著新凱旋門而起，成爲匯聚法國新興創意與產業的核心地區。

　　新舊城區並存的發展模式，在許多城市都是可觀察到的態樣，既保存具歷史意涵的城市發展脈絡，又兼顧響應新型態發展的需求。台北市的東、西區門戶計畫就是這樣多核心的更新實踐，兩計畫自2015年起成為政策焦點，緊扣台北市過去的立基與未來發展，兩計畫分別預期帶來怎樣的改變呢？

## 歷史意象重塑、交通動線改良──西區門戶計畫

　　台北市西區（廣義代指台北車站周遭一帶）過去30年來因車站及周邊大型公共工程的建設作業，變成大眾難以親近的大工地；而機場捷運A1站通車後，台北車站也成為國際認識台北的第一個前哨站。西區門戶計畫選定台北車站及其周邊作為城市門戶意象改造之開端，配合忠孝橋引道拆除，調整道路路型及公共運輸動線、重現北門廣場，並創造及增加車站周邊公共開放空間，引入多樣化創意產業與市民活動，期待以「歷史性都市地景」，讓台北車站地區再也不僅是轉運樞紐，也可展現台北市豐富的都市紋理與歷史內涵。

　　西區門戶計畫主計畫範圍約44.5公頃、周邊配套範圍約80公頃；主要範圍：東至中山北路，西至環河北路，北至市民大道，南至忠孝西路。配套範圍包含淡水河堤防及中華路

兩側、台北車站以北之街廓等（如圖16-1）。本計畫共分爲
三階段，第一階段重點成果爲拆除忠孝橋引道、重現北門；
第二階段進行北門地景廣場、忠孝西路路型調整與三井舊倉
庫移設保存等；第三階段則包含舊議會招商與下沉廣場建
置。分述重點成果如下。

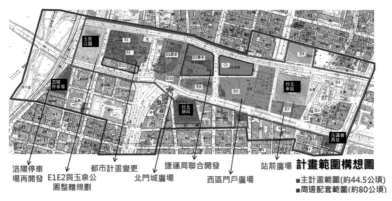

圖16-1　西區門戶計畫範圍構想圖

圖片來源：台北市政府西區門戶計畫官方網站，檢索日期：2021.05.25，
取自：http://tpstation.com.tw/。

## 第一階段：拆除忠孝橋引道

　　忠孝橋引道1982年啓用，作爲跨越淡水河、聯絡台北
市中正區與新北市三重區的橋梁。自台北市區鐵路地下化於
1990年間完成後，忠孝橋引道原主要設置功能已不復存在，

使用率逐漸下降。而在地面北門周邊存在橋梁橋墩影響道路直行、動線彎繞複雜及北門受到遮蔽等空間問題。2016年2月正式拆除忠孝橋引道，解放原先受到繁雜車流所包圍的北門，也改變周遭的交通動線（如圖16-2）。

拆除中　　　　　　　　　　拆除後

**圖16-2　忠孝橋引道拆除與北門再現景象**

圖片來源：忠孝橋引橋拆除工程總結報告（105.2.7～2.13），台北市政府工務局新建工程處，2016年。

## 第二階段：忠孝西路路型調整與三井舊倉庫移設保存

　　忠孝西路路型由於引道的拆除與北門重現的計畫，衍生調整的必要。共分四階段施工，原本七個岔路口計畫改為四個，使交通動線變得更簡單，忠孝西路（西往東進城方向）路型調整至北門廣場北側，行車方向則未改變，2017年5月正式開放通車。

圖16-3　忠孝西路路型調整成果鳥瞰圖

圖片來源：台北市政府工務局，檢索日期：2021.05.25，取自：https://pwd.gov.taipei/News_Content.aspx?n=DAB4119B15690120&s=1B8E697D4A0DE85C。

　　三井舊倉庫爲日治時期三井物產公司所建，位於當時北門町的西式紅磚建築，於2010年以「三井物產株式會社舊倉庫」登錄爲北市市定歷史建築，是爲法定文化資產。本計畫爲台北市第一個解體遷移重組修復、採用隔震工法的文化資產，過程留用70%原建物的紅磚，一塊塊清理編碼遷移至原址東側約51公尺旁重組，並於2017年正式開放。

## 第三階段：舊議會設定地上權與交八下沉式廣場

　　舊市議會土地以設定地上權方式辦理招商，該地原土地使用分區爲文化觀光專用區及第四種商業區，地上權契約規範投資人應興建並無償提供文化觀光專用區總容積樓地板面積20%（約2,500坪樓地板面積），予市府作爲台北城博物館使用，博物館未來將規劃設置「台北城未來願景」、「舊市議會歷史展示廳」、「考棚行署紀念碑」等。本計畫於2020年正式由金裕泰公司得標。

　　交八廣場是西區門戶計畫中最後一塊拼圖，整合基地與周邊人行道，保留既有樹木提供綠地廣場供民眾休憩使用，並延伸台北行旅廣場（交六廣場）範圍，完整串聯周邊北門廣場、台北車站及站前商圈等，塑造完整的國家門戶意象。本計畫已於2020年9月完工。

**圖16-4　西區門戶計畫願景圖**

圖片來源：台北市政府西區門戶計畫官方網站，檢索日期：2021.05.25，
取自：http://tpstation.com.tw/。

　　西區門戶計畫三階段的成果著重於交通動線改良、文化
資產保存以及人行空間的型塑，中間輔以多元的計畫形式協
助建設推動。多處廣場的建置與綠化的動線安排，增進旅客
及民眾在台北車站周邊活動空間的品質與印象，創造車站周
邊舒適的行人公共開放空間。部分工程於2020年間完工，周
邊連帶而起的開發計畫也將持續為本地區帶來源源不絕的新
氣象。

## 交通、產業、生活全方位打造──東區門戶計畫

南港位於台北市最東邊，明鄭時期的縱貫公路、清光緒時期的鐵路及水路，注定了南港交通樞紐的地位。日治末期，南港包種茶產業發展漸漸沒落，1940年代起煤礦與磚瓦業蓬勃興起，1956年南港部分土地劃設為工業區後，鋼鐵、化工、紡織、電子、印刷、汽車、食品等各類產業相繼設廠，雖然工廠的遷入帶給南港繁榮，但也因工廠排放濃密黑煙，使南港成為人們口中的「黑鄉」（如圖16-5、圖16-6）。

1980年代以後是南港區的重大轉變時期，由於產業結構改變及經濟全球化，工業廠房在地租效益降低及勞動成本上漲影響下開始外移，重工業逐漸遷離釋出土地，而相繼的工程如基隆河截彎取直、鐵路地下化，釋出了土地進而推動了小灣重劃區、火車站調車場開發案等。1990年代開啟鐵路地下化與捷運工程，更多的重劃區以及大型工程進駐南港，南港經貿園區的開發也在此時進駐。

東區門戶計畫係跟隨著1990年代起南港的諸多重大計畫，包括南港車站、軟體、會展、生技、文創中心的五大中心計畫，而提出相關的八大構想，實際主題有強化交通轉運樞紐、打造國家級生技產業廊帶、打造流行音樂及文創產

業、推動軟體及會展產業、推動整體跨區重劃及都市更新、
建設公共住宅社區、改善公共環境、辦理南港全區通盤檢討
等（如圖16-7）。

圖16-5　1963年南港台肥六廠全景

圖片來源：國家圖書館台灣記憶系統，原圖爲台北市文獻委員會收藏，檢
索日期：2021.06.14，取自：https://tm.ncl.edu.tw/。

圖16-6　1974年南港發展示意圖

圖片來源：中研院地理資訊科學研究專題中心──台灣百年歷史地圖，檢索
日期：2021.06.14，取自：http://gissrv4.sinica.edu.tw/gis/taipei.aspx。

圖16-7　2020年南港發展示意圖

圖片來源：中研院地理資訊科學研究專題中心──台灣百年歷史地圖，檢索
日期：2021.06.14，取自：http://gissrv4.sinica.edu.tw/gis/taipei.aspx。

　　東區門戶計畫範圍係概括南港區全區，面積約21.8平方公里。在八大構想之中，交通轉運樞紐、軟體及會展產業、國家生技產業廊帶、新創產業係為原先都市計畫中所擬定的五大中心策略，也是將會帶給南港巨大轉變的主要建設。

　　在交通轉運樞紐部分，目前南港站已為台北市東區地帶唯一之三鐵共構場站，預計規劃交通轉運中心，分散西區交通旅次；並改善區內交通系統，紓解因國家生技研究園區之車潮。而在軟體、會展產業部分，現今南港軟體工業園區、南港展覽館及國家會展中心已有一定程度之產業群聚成果，未來持續加強周邊土地如台肥C2、中國信託C6、C7，作為辦公室、旅館及商業服務使用，建構南港為國家級會展聚落（如圖16-8）。

**圖16-8　會展聚落發展概況圖**

圖片來源：「台北東區門戶計畫」（2015～2022年）第四次修正實施計畫，台北市政府，2018年。

　　有關生技產業與流行、新創產業的推動上，位於南港之國家生技研究園區已於2018年開發建置完成，未來透過與中央合作搭建南港生技產業聚落合作平台，加乘南軟園區、內科園區生技聚落效益，串聯中研院研究能量。在新創產業的建構上，台北流行音樂中心已於2020年落成（如圖16-9），園區內包括表演廳、流行音樂文化館、產業區及戶外開放空間，結合表演場地為育成中心，帶動流行音樂產業及周邊音樂產業。一旁的瓶蓋工廠2018年開始進行「南港瓶蓋工廠歷史建築及保留建物整修工程」，已於2020年完工，成為東區門戶計畫中新創產業的重要平台（如圖16-10）。

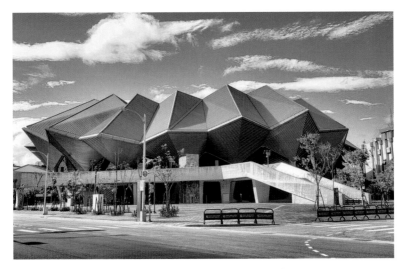

圖16-9　台北流行音樂中心

圖片來源：台北市政府觀光傳播局台北旅遊網，檢索日期：2021.05.25，
取自：https://www.travel.taipei/zh-tw/attraction/details/2201。

**圖16-10　瓶蓋工廠現況**

圖片來源：台北市政府觀光傳播局台北旅遊網，檢索日期：2021.05.25，
取自：https://www.travel.taipei/zh-tw/attraction/details/410。

　　在如今已完成的幾項重點建設，無論是交通基礎設施、產業土地開發到產業扶植、引進的配套設施，都是南港區近年的重心。東區門戶計畫重點尚包含：都市計畫通盤檢討、跨區重劃、公辦更新、公共住宅開發與公共公園開闢等。如今南港也已經從以往的「黑鄉」轉變爲台北的新興發展之地，有各類軟體經貿、國際會館等設施的布設，以及國家級生技研究中心，搭配三鐵共構的交通樞紐，南港搖身一變爲未來台北市的產業發展重地。

## 後記

　　城市的發展具有生命週期，興起、發展、繁榮、衰退常是一段必經的過程，世界上所有的城市到了衰退之期皆有轉型、更新的需求。台灣對於都市更新的執行普遍著眼於單一建築、小街廓的計畫範圍，成果往往是單點建築的重建或整建維護，少見以整個行政區域或整個城市為規劃範圍的更新事業。台北的東、西區門戶計畫就是這樣的更新實踐。城市尺度的更新須由計畫引導，東、西區門戶計畫便試圖達成這樣的更新目標。首先整理基盤設施，例如：台北車站周邊交通要道、節點串聯等，而後導入重大計畫與建設，例如：南港軟體園區、生技廊帶；最後帶動周邊的私人企業、民間投資。三個步驟之中，前兩者需由政府主動著手計畫，第三階段則觸發民間的投資響應，最終方能完整地區的更新與再發展。

　　回到本案例，兩大區域迥異的歷史背景也給予政府計畫時的不同定位，東區的南港某種程度延續了過往工業群聚與鐵路交通的優勢，持續打造產業聚落；西區的台北車站周邊則多聚焦於城市門戶的環境型塑、文化景觀維護保存以及交通改良。台北市的面貌自1980年代起有了巨大的變化，從西區的沒落到東區副都心的建構、從鐵路地下化到捷運興建，

直到2000年後，台北市的都市計畫試圖嘗試回應國際都市化與產業的趨勢，不斷地創造地區機會與動能。東、西區門戶計畫在5、6年間所帶給中正區、南港區的變化，也細微地牽動著整個台北市，甚至台灣的城市脈絡。

# 基隆：
# 港市合作的城市再生

　　15、16世紀的大航海時代，促使世界各地的港灣城市興起，加速技術、文化的傳播與殖民，使得人類文明快速發展交流。歷經了時間的淘洗，這些過往繁盛一時的舊港灣與周邊地區，在現今如何透過產業轉型與城市核心重新建構，為整體城市重新定位、再造環境，是全世界各個擁有港口的城市皆面臨的問題，台灣的高雄與基隆也不例外。

　　基隆，一座依港而生的城市，其人口變化、社會經濟的的起伏脈動，與早期基隆港港務所延伸的相關產業有著密不可分的關聯性。隨著基隆港港務航運衰退，且全市人口有逐漸外移之傾向，作為北台灣的港灣城市代表，基隆市對於再生有著全盤性的宏偉架構，囊括交通、經濟、人才與生活的再建，期望跳脫過往僅依港而生的全市發展，邁向全面性的轉型。

## 日治時期最先進的港

　　基隆港（舊名：雞籠港）在17世紀荷西據台時期即有部分建設與調查作業進行，而後清領後期，西方列強東來，逐漸開啟了雞籠港的發展。1863年，基隆港以淡水附港的名義正式開放為商港。而真正讓基隆港改頭換面的是日治時期，因考量其具有天然港口條件且區位最靠近日本，基隆港成為全台第一個實施港口現代化的港灣，步入近代化歷程。

　　1899～1944年間日本人進行了共五期的基隆港築港工程（第五期工程因二戰爆發而未全部完工），清除了內港區內的礁石、以土砂填埋了新生地；外港陸續整建了大型造船廠及軍港、漁港區等設施，以及筆直的海岸碼頭、先進的運輸與倉儲設備。完整的商港硬體建設且兼具軍事戰爭時期的運輸功能，加上流經市區的三條河川整頓成可供運載貨物的動線，基隆港的貿易額取代淡水一躍成為全台第一。這項為期46年的築港計畫為基隆港奠定了堅實的基礎，因港而生的產業、運輸需求，以及連帶引入的居住人口，帶動了土地規劃的作業。

**圖17-1　1940年基隆港東岸碼頭一景**

圖片來源：文化部國家文化記憶庫收藏，原圖由基隆市政府文化局提供。

　　隨著基隆港貨物的吞吐量急速增長，傳統的基隆市街面臨現代化城市建設的需求，以因應築港後的基礎城市衛生系統改善、道路系統、鐵路系統等等的規劃。1907年基隆實施了第一次的市區改正計畫（如圖17-2），市街地盤上出現了棋盤式街廓系統，並興建公園、學校、市場、運河等都市公共設施。西岸規劃為港務專用區，包含深水碼頭、倉儲設備及火車站等皆位於此區，而南岸大基隆及東岸小基隆填埋新生地則作為市街使用（呂月娥，2001）。

圖17-2　1907年基隆市區改正計畫圖

圖片來源：中央研究院地理資訊科學研究專題——基隆百年歷史地圖，檢索日期：2021.05.20，取自：http://gissrv4.sinica.edu.tw/gis/keelung.aspx。

## 港口優勢不再

　　基隆港在輝煌的海運港口時代過去之後逐漸褪去色彩，首先面臨的挑戰就是港口機能與競爭力逐漸衰退。基隆全市平地面積僅約占全市土地面積的6%，其餘皆為山坡地。較為狹窄的平地空間還能應付過往的貨物運輸量，然而如今面對同樣地理條件優勢的台北港，基隆港的劣勢，如：碼頭後線土地狹小、船席及航道之吃水限制等，逐漸拖垮了貨運量。又因台北港硬體條件勝過基隆港，許多貨櫃船及散雜貨轉而停靠台北港。經由多方的研究與探討，基隆港面臨的主要課題包含：貨量下滑、東客西貨之政策、郵輪發展、港市合作協調等。

　　貨量下滑主要對應至台北港的競爭威脅，未來應思考如何加強與供應鏈合作發展貿易加值作業，進而帶動相關產業，例如：運輸、倉儲。而郵輪發展作為一個新興的港灣利用模式，未來期待能與觀光、行銷做結合。東客西貨與港市合作，則是基隆港與基隆市整體規劃的一大改造，前者為港本身的東、西碼頭營運策略；後者強調了「港市」結合的一併思考，邁向都市更新、城市治理、部門協調與法令研議的整體策略。

## 以港灣再生為核心的都市再生策略

　　綜上所述，近年基隆港的港運能力受到台北港的挑戰，反觀在港內國際觀光郵輪停泊需求的快速成長，基隆港的定位已經逐漸轉向。另外隨著大台北首都圈逐漸成形、都會中心化，基隆逐漸受到邊緣化影響，亟需一個整體性的發展策略，基隆市政府遂於2016年擬定以全市為範圍的「都市再生策略計畫」。以基隆市全市所轄土地及海域為規劃範圍，釐清重要發展議題，提出本市發展定位及空間發展策略，為基隆擬定活化的策略方向。

　　該計畫範圍包含：基隆市陸域、海域及離（屬）島等（含基隆嶼、棉花嶼、花瓶嶼以及彭佳嶼等離島）。其中，陸域面積約為132.8平方公里，包含7個行政轄區。「都市再生策略計畫」以願景、定位、策略、行動方案、亮點計畫依序作為計畫的架構層級，訂定出整體執行構想至落實的內涵。當中，以「魅力港灣，繽紛基隆」作為總願景，而向下延伸三個定位：之於世界——大航海時代港灣城市；之於東亞——東亞國際郵輪營運中心；之於北台區域生活圈——大台北首都圈東側海洋國家門戶。

　　「都市再生策略計畫」在四大策略之下，以13個行動方案輔佐計畫目標的達成，本書舉「市港再生標竿計畫」（如

圖17-3）、「建構郵輪產業經濟」說明；4個亮點計畫則以
「環基隆港區水岸開放空間規劃設計暨都市設計準則研擬」
說明改造內容。

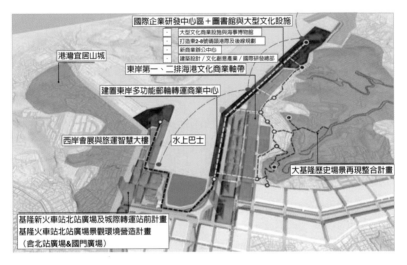

圖17-3　市港再生標竿計畫示意圖

圖片來源：基隆市都市再生策略計畫願景架構，基隆市政府，2015年。

## 市港再生標竿計畫

　　本計畫可謂達成基隆港市合作、城市再生的核心。其盤
點港區重大建設和資源，與港務公司、台鐵、國防部等多方
單位共同合作，整頓港區環境，打造先進且無縫接軌的大眾

運輸路網與公共設施，兼具觀光與生活機能，以都市再生的方式整體規劃並管理港區廊帶周邊發展。

計畫預計分為短、中、長期完成，包含：城際轉運站、新火車站廣場環境規劃營造（包含北站、國門廣場）、東岸軍港西遷、多功能郵輪中心開闢等，加上已列入前瞻計畫中的基隆輕軌、山海城串聯再造計畫等多項大型計畫。至2021年，市港再生標竿計畫的短期目標：城際轉運站、東岸郵輪旅客大樓皆陸續完工，未來將持續推動具文化資產身分的西岸倉庫引進郵輪營運產業、濱海步道、智慧旅運大樓等港灣城市的再造計畫。

## 建構郵輪產業經濟

基隆港國際旅客人次在2011～2015年間，成長率達173%，主要受惠於觀光郵輪的發展。憑藉著郵輪觀光產業、台船技術與基隆在地資源，未來基隆港有機會從郵輪維修保養、船供物流系統建置、服務人才養成到港市觀光遊程打造，建置完善的郵輪產業鏈，作為支持國際郵輪觀光旅遊發展之基礎。

該行動方案以「建構郵輪碼頭的配套服務」為核心，短期搭配郵輪旅運中心的完工，投入旅遊觀光、休閒娛樂、港

口管理、補給配送等關聯性產業，增加旅客停留時間；中長期則預計建構完整的經濟產業圈，以及培養郵輪維修保養與其他衍生服務如金融、租賃等行業。

## 亮點計畫──環基隆港區水岸開放空間規劃設計暨都市設計準則研擬

在市港合作發展的共識下，透過水岸開放空間規劃設計，將環基隆港區各項陸續推動中的計畫加以整合與串聯，並藉由都市設計準則之研擬（包含天際線、退縮帶、建築物高度、造型、色彩等），控管基隆市門戶意象型塑。

綜整上述舉例的兩個行動方案與一個亮點計畫，得初步窺探基隆的全面性都市再生以港口再造為主體，輔以都市計畫、都市設計的全盤性手段，為全市的重要交通節點、港口周遭的舊空間改造、新空間建構等細節進行架構式的規劃，加上配合近年欲推廣的郵輪產業所布設的配套建設，該策略計畫對於基隆市近年的都市發展產生劇烈的迴響。以往港、市獨立的發展，在市府動員與計畫平台之中有了對話的機會。

## 持續邁進的基隆市

　　近年來港區最大的改變莫過於針對郵輪停靠與相關觀光建設上投注的顯著成果，曾榮獲「亞洲最佳郵輪母港」的稱號。郵輪母港意味著基隆港在郵輪旅遊的供應鏈中，已具備足夠的軟硬體機能作爲旅客出發與回程的港口。許多硬體設施持續提升，包含移民署建置新一代自動通關系統、東西旅運中心擴建及改建工程、與韓國仁川港簽訂MOU、與日本博多港每年輪辦聯合行銷會等。2019年末創下「五輪停靠」的記錄——5艘總噸位達27萬噸的國際大型郵輪，包含世界夢號、歌詩達新浪漫號、威士特丹號、寶瓶星號以及中遠之星。基隆港作爲國際級的郵輪母港已勢在必行。

　　「港」的改變，體現在基隆港發展的新定位，由過往的貨櫃港到如今的郵輪港；而「市」的改變，則體現在近年大大小小的城中建設——無論是交通運輸系統的升級、開放空間的改造，基隆的整體城市意象正在從過往「多雨、陰暗」的愁雲慘霧，扭轉成色彩斑斕、積極的強勁能量，近年來可謂台灣城市當中城市改造的模範之一。

圖17-4　基隆港郵輪停泊一景

圖片來源：台灣港務股份有限公司基隆港務分公司，檢索日期：2021.06.22，取自：https://kl.twport.com.tw/chinese/News_Content.aspx?n=F16DF4CE8A365879&s=EBC5B28B5C79E0B0&SMSU=8D3BBBAE4914D793&ishistory=False。

## 後記

　　基隆坐擁天然的海港與極富戰略意義的地理位置，荷據時期、日治時期都嶄露強勁的城市發展動能，不少現代與工業化的建設領先全台——火力發電廠（日治時期基隆火力發電所）、第一條高速公路的起點（中山高速公路）、第一個國家轄管工業區（六堵工業區）、第一處文化中心（基隆文化中心），都在基隆發生。1970年代，基隆市為台灣最繁榮的省轄市，更曾是全球第七大貨櫃港。基隆象徵了亞洲港市現代化的縮影，充滿發展的遺跡與故事。

　　從早期輝煌豐富的建設到因基隆港商港的地位下滑之後遭遇了城市發展的危機，加上地方治理動能與資源的不足，基隆在城市發展與都市空間計畫的面向曾經停滯了好一段時間，近年似乎看到了新轉變的啟動。基隆市積極推動以「城市學」理念為首的全市再造計畫，以港城丘的空間戰略，整合港口、城市與山丘的空間，串聯成山海軸線，回應基隆的地域特色。其中，具全市尺度的「基隆都市再生策略計畫」為基隆市整體擘劃了融合各部門的理想，並落至實質計畫的進行，作為後續各項行動的框架。

　　近年來，基隆持續在城市治理上進行改革與精進，未來所建構的山、海、城與城市生活的融合，體現城市面對營造新機會與新一波全球化下新挑戰的積極回應。「基隆」有機會成為海港城市轉變再發展的代名詞。

**圖17-5　基隆港近況一景**

圖片來源：台灣港務股份有限公司基隆港務分公司，檢索日期：2021.06.22，取自：https://kl.twport.com.tw/chinese/News_Content.aspx?n=F16DF4CE8A365879&s=EBC5B28B5C79E0B0&SMSU=8D3BBBAE4914D793&ishistory=False。

# 台南：雙面古都——歷史風貌延續與智慧新能量

　　台南市自2010年與台南縣合併升格為直轄市，為台灣人口數第四大的城市。自荷據時期起為多代政權主要的行政據點，也是台灣最早建城的地方。除了名勝古蹟、美食小吃綿延不絕，台南近年來空間規劃與政策上，一面發展舊歷史紋理的重塑再利用、一面加強投入新興高科技產業，呈現多元化的發展面向。

　　台南中西區一帶自荷蘭據台時期始為重要的城市發展之地，也因發展甚早，區內以豐富的人文藝術及悠久的歷史紋理而聞名。保存並發揚這些歷史痕跡是台南長久以來都市發展政策的重點，都市計畫的目標也傾向保存並延續這些歷史空間。就都市更新三種手段：重建、整建及維護來說，台南市整建維護比例普遍高於其他縣市。而在今日都市發展下，如何跳脫一般都市更新的架構，建立以「生活區」為概念的文化保存方式？

　　同在台南，反觀原先以農業生產、鄉村景緻為主的歸仁區，過去原本承載著擴張台南生活圈的理想劃定的高速鐵路

車站，而後卻持續了近10年的荒煙漫草之景，現今跟上國家發展政策的步伐，建立智慧化、綠能化的實驗基地。前後轉變之大猶如麻雀變身鳳凰的過程，是歷經了怎樣的決策與計畫變革呢？

## 文化古都的重任：全台首創「歷史街區計畫」

台南市中西區自2004年由原先中區與西區合併而來，是過往荷據、明鄭、清領及日治等各時期的主要發展地區，中西區內分布各時期的發展遺跡。截至2021年5月為止，中西區內共有11處國定古蹟，包含：台南孔子廟、赤崁樓、大天后宮等；47處市定古蹟，以及14處歷史建築，文化資產數量之高，堪稱全台之首[16]。

現今到台南旅遊的民眾絡繹不絕，對於台南「老屋」有趣又多元的利用多留下深刻的印象，有老屋改造而成的民宿、風格店鋪、餐廳、書店等，而這些老屋其實跳脫了上述法定文化資產，得以有這些多元豐富的利用成果，都要歸功於全台首創的《台南市歷史街區振興自治條例》。

---

16　本處所敘述之文化資產數量，係參考自文化部文化資產局──國家文化資產網。

　　2012年台南市公告全台首創的歷史街區振興自治條例，其中對於「歷史街道」、「歷史老屋」以及「歷史街區振興」有明確訂定補助與獎勵的規範。此法條一出，象徵跳脫《文化資產保存法》嚴格的保存方式，保留較多活化再利用的彈性空間，對於過往人們針對古蹟、歷史建築僵化的使用與認定程序有了更多的可能性。未達到提報標準的老屋們也可以在適度修繕之後，以商業或其他活動進駐的方式重啓與大眾互動的機會（如圖18-1、圖18-2）。

　　2017年台南市根據《台南市歷史街區振興自治條例》發布了《府城歷史街區計畫》，於第一階段劃定計畫範圍達315公頃，主要分布以中西區內爲主。歷史街區的計畫目標則分爲三大層面：1.歷史面，歷史都市架構及意義展現；2.生活面，歷史老屋保存再利用與共生；3.產業面，既有生活與產業的延續，期望在實體空間與產業活絡上都能產生效益。計畫全面性盤點了歷史特色老屋、歷史街道等（如圖18-3），並詳細記錄了各歷史特色老屋之建築立面細節，如：氣窗、牆、出簷、陽台、欄杆、門窗，這些細節得以協助計畫後續對於立面設計的補助與獎勵，進一步完成型塑府城歷史風貌的主要目標。

圖18-1　台南市禾稻製作所老屋改造成果

圖片來源：好舊。好台南市歷史街區振興補助計畫，檢索日期：
2021.05.12，取自：https://oldisgood.tainan.gov.tw/index.php?option=module&
lang=cht&task=pageinfo&id=43&index=5。

圖18-2　台南市厶八二老屋改造成果

圖片來源：好舊。好台南市歷史街區振興補助計畫，檢索日期：
2021.05.12，取自：https://oldisgood.tainan.gov.tw/index.php?lang=cht。

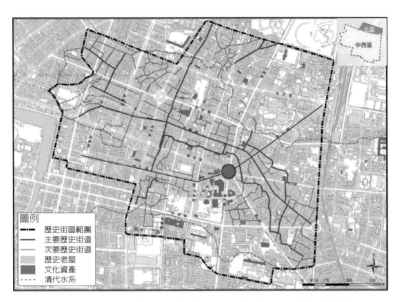

**圖18-3　府城歷史街區計畫——歷史老屋與歷史街道圖**

圖片來源：府城歷史街區計畫，台南市政府文化局，2016年。

## 都市計畫融合歷史街區計畫

　　然而，歷史街區風貌的建置與一個城市的主要空間計畫
——也就是都市計畫，應該如何相互配合呢？在《府城歷史街
區計畫》當中，對於都市計畫的應配合事項有明確的建議。

**・街道的管制原則**：為維護特色建築物立面延續性以及街道
空間紋理，故有「新建建築物依重要紋理界線貼建」等的建
議規範。

‧**容積建議原則**：在歷史街區範圍內不建議任何形式之容積獎勵。

‧**都市更新建議原則**：歷史街區範圍內，若欲以重建方式為主要都市更新手段操作時，須以保存歷史資源為最上位原則。

　　上述歷史街區計畫以「維護歷史風貌」為本，提出對於都市計畫的建議；實際上，台南市中西區都市計畫的回應則呈現在2018年的《變更台南市中西區細部計畫（第二次通盤檢討）案》。在本次的通盤檢討計畫目標之中，明列「因應『台南市歷史街區振興自治條例』公告劃定之府城歷史街區範圍，予以重新檢討相關管制規定」。因應歷史街區計畫的調整有三點：計畫道路檢討、土地使用管制與都市設計規定、容積規則的調整。

‧**計畫道路檢討**：配合1.保存主要及次要歷史街道紋理，2.兼顧道路系統完整性，以及3.不影響計畫道路兩側土地指定建築線、消防議題等前提，撤銷尚未開闢之6公尺以下計畫道路。

‧**土地使用管制與都市設計規定**：針對三條歷史巷道（信義街、新美街及神農街）與中正路，規範其兩側之建築物最

大高度應參考沿線建物高度，延續該路段風貌一致性與延續性。

- **容積規則**：鼓勵歷史街區範圍內之住宅區及商業區得為容積送出基地。

　　過往，都市計畫嘗試的大多是為城市帶入「直」、「寬」的道路形式，以此建立所謂的城市格局；然而在本案例之中，都市計畫「反向」地正視文化資產紋理，取消部分計畫道路，建構恢復歷史紋理巷道系統的可能。歷史街區計畫的擬定則是加強具價值的歷史文化空間與地方生活融合的可能性，形成「歷史生活區」，而非冷凍式保存的「古蹟」。如此尊重歷史紋理的都市發展思維嘗試重新定義，也豐富了都市發展與開發的內涵，讓大眾看見有別於硬邦邦、大興土木的都市建設，使都市也有與歷史和諧共存的模式。

　　由本次台南市中西區都市計畫通盤檢討的調整，可以看見城市型塑的工具，如何跨越部門、主題之間相互運用，也可以了解到都市計畫作為城市風貌的塑造，有決定性的影響。這些過程一點一滴為台南市的文化古都之名，推上更完整的境界。

## 呼嘯而過、人煙稀少的高鐵車站：高鐵台南站

　　特定區計畫，依《都市計畫法》第十二條說明：「爲發展工業或爲保持優美風景或因其他目的而劃定之特定地區」。全台灣有各式各樣的特定區計畫，例如：風景特定區、科學工業園區特定區、新市鎮特定區，以及本案例將提及的高速鐵路特定區。特定區計畫與一般都市計畫不同，需要規劃之初納入開發、經營、甚至管理的構想，並輔以交通運輸等基盤建設的配合。若缺乏開發與經營動能，則可能陷入「紙上畫畫，牆上掛掛」的窘境。只有計畫而沒有推動的機制設計，台南歸仁地區高鐵車站特定區計畫，就曾是面臨這樣問題的苦主。

　　歸仁區沙崙地區過去爲種植甘蔗之農地，屬於台糖公司所有，可發展腹地廣大，且權屬單純、取得容易，台南高鐵站規劃時便將沙崙計畫爲設站地點的選項。當時設站選項尚有台南科學工業園區、台南市中心等地，沙崙最大的爭議爲過於偏遠且交通條件不佳，然而當時歸仁區被視爲大台南都會區的衛星市鎮之一，當局期待將此地打造爲「南關線」（南區、仁德區、歸仁區、關廟區的帶狀路線）的新都心。故，基於「城市擴張」思維的願景，秉持著擴展大台南生活圈的範圍爲目標，當局仍舊選擇了沙崙作爲設站地點，並

於1999年公告《擬定高速鐵路台南車站特定區計畫案》，以「創造適合交通轉運、工作、居住與休閒功能之高品質生活化空間」爲計畫總目標，高鐵車站與其特定區計畫正式進駐。

美好的願景不敵發展的現實，特定區計畫擬定之後該地卻長時間缺乏開發動能與機會，加上人口成長的速度逐漸趨緩，當初擴張成長的想像榮景並未出現。2007年高鐵正式通車後，高鐵台南站的統計運量多次敬陪末座，交通易達性過低，周邊僅有一條縣道，公共運輸上也無轉乘接駁的配套機制（如圖18-4）。計畫之初缺乏開發與營運管理的想像，且區位條件與成長動能有限的情況，使得整體計畫區出現「騎虎難下」的窘境，歷經好一段時間的沉寂。

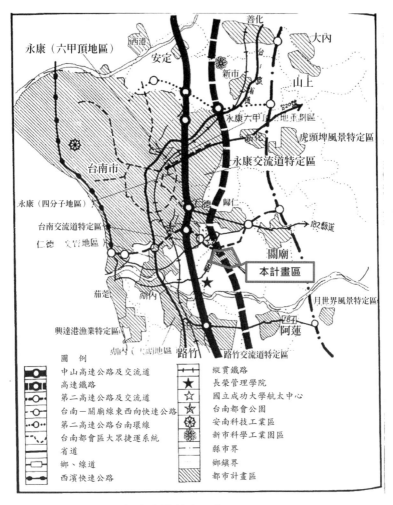

**圖18-4　台南高鐵特定區鄰近重大建設計畫圖**

圖片來源：《擬定高速鐵路台南車站特定區計畫案》，台灣省政府，1999年。

　　2011年台鐵沙崙線通車，對特定區原先不佳的區位條件有明顯的助益。這條台鐵支線連接高鐵站、長榮大學、永康、台南市區，也得以透過區間車轉乘直達台南科學園區，對於表現不甚佳的高鐵台南站使用率有如天降甘霖。此外，台86線快速道路通車促使本地區的交通便利性提升，在地的居住人口也有所成長，透過人口統計的表格可見自2012年起人口數量有了明顯的增長。這象徵了交通的便利程度提升所帶來的人流，逐漸在該地醞釀了地區發展的化學作用（如表18-1）。

表18-1　高速鐵路台南車站特定區──各年度現況人口統計

| 年分（民國） | 人口數 |
|---|---|
| 98 | 797 |
| 99 | 796 |
| 100 | 797 |
| 101 | 906 |
| 102 | 2,094 |
| 103 | 2,094 |
| 104 | 2,094 |
| 105 | 2,089 |
| 106 | 2,089 |
| 107 | 2,223 |
| 108 | 2,113 |

資料來源：內政部營建署統計年報。

## 國家重大政策落腳：智慧綠能科學城

　　2016年新政府上任的「5＋2」產業政策，其一就是綠能產業。而在這項政策當中，高速鐵路台南站特定區雀屏中選成為發展基地，「沙崙智慧綠能科學城」計畫正式成型。政策期望科學城成為我國發展永續生態系的樞紐，連結各地研發、製造、人才、資金、市場等，進行綠能政策及系統應用技術之測試驗證；然後，向外傳遞以形成從研發至量產之完整產業鏈。

　　整體沙崙綠能科學城計畫內容分為分7個產專區（如圖18-5），已完工的計畫有：科技部綠能科技聯合研究中心、經濟部工研院綠能科技示範場域；即將完工者包括：大台南會展中心、中央研究院南部院區；以及3處產業研發專區，還有即將完工開幕的三井outlet購物商城等（如圖18-6）。

圖18-5　沙崙智慧綠能科學城發展示意圖

圖片來源：台南市政府，檢索日期：2021.05.12，取自：https://www.tainan.
gov.tw/News_Content.aspx?n=13370&s=4072592#。

圖18-6　沙崙智慧綠能城產業研發區第一、二期工程模擬圖

圖片來源：台南市政府，檢索日期：2021.05.12，取自：https://www.tainan.
gov.tw/News_Content.aspx?n=13370&s=4072592#。

## 後記

　　台灣文學作家葉石濤曾言：「台南是一個適合人們做夢、工作、戀愛、結婚、悠然過活的地方。」聽在許多到訪過台南的人耳裡，點頭如搗蒜的居多。這句話對於府城地區（今日中西區）而言，完美詮釋了它的優游自得與不刻意的城市景象，以及多元豐富的歷史空間——有蜿蜒曲折的巷弄，有歷經風霜、但結構精緻的老屋，這些看似不刻意卻又自然融入的日常歷史文化空間，其實多虧了空間計畫與相關法律的協助，方能營造一個具有記憶與底蘊的城市。

　　而現今跟著國家政策與時代驅動的歸仁，在歷經高鐵設站後改頭換面，由普通的鄉村化身如今高科技、智慧與綠能的實驗基地，匯聚各大研究、生產的重要機構，躍身為未來發展的新星。對比如今的面貌，台南高鐵站特定區早年荒涼的模樣也提醒了規劃者，政府政策與投資對於地方發展的必要性——現今該地的發展重點為配合台灣重點發展政策而形成的開發主題，由政府主導引進各類研究機關與企業，進而形成產業發展動能。如同「賽伊法則」的「由供給創造需求」，相較於原先就地等待需求的發生，規劃者與上位者實應於計畫之初便具有更完整的發展構想，以利確實提高土地利用的效率與社會整體效益。

　　中西區的歷史生活區營造、沙崙地區的高鐵車站特定區發展之路，一處象徵「舊」台南的延續，一處象徵「新」台南的願景，形成新、舊融合的城市發展實踐，同時保有歷史的韻味又能順應新時代的需求，兩者都賦予台南市獨特的城市性格，也豐富了這個城市所擁有的軟硬實力。

# 高雄：
# 港灣工業重鎮再造新灣區

　　「以港興城，港爲城用，港市相長，衰榮共濟」係爲世界港口城市發展演變的普遍規律（張萍、陳航，2009）。港口與城市的發展關係密不可分，其中尤以經濟的相依相存至關重要。曾有學者研究：已開發國家在主要港口設置自由貿易區有助於增加就業，而未開發國家在主要港口設置加工出口區，則有助於提高工業出口。港口工業區成爲重要經濟成長區域，帶動城市經濟發展。

　　高雄，一個依港而生的城市，自日治時期即運用港區擴展工業發展，也在港灣沿岸開闢一片見證台灣工業歷史的臨港工業區。在時代變遷下，產業轉型、發展重地移轉、環保意識抬頭，舊港灣已不再是工業發展的重心，周邊曾經繁盛的連帶產業、商圈也逐漸沒落，而面臨全面更新與改造的階段。高雄市在1990年代起逐步確立港灣的新定位，企圖重新打造台灣最大國際商港的門戶意象，針對舊商港區進行歷史空間再利用、引進休閒遊憩商業形式；同時也積極布設港口貨櫃運籌中心，持續加強硬體能量。進行港灣再造的過程

中，高雄市如何重理過往港邊的舊工業區，並再度建立港灣
與城市的關係？

## 工業大本營──戲獅甲工業區

　　戲獅甲地區於日治時期高雄築港計畫第二期（1912～
1920年）劃入了築港範圍，而後日本政府便開始於本地區進
行工業區之發展規劃。1935年起，高雄電力設施逐步供應穩
定，工業區的運作漸漸上了軌道，開始有企業進駐設廠，包
含：日本鋁株式會社、株式會社台灣鐵工所等。戲獅甲工業
區成為了日治後期重要的重工業、軍用工業據點，以化學、
金屬機械工業為主；另外由於軍事的性質，港區沿岸設有陸
軍倉庫、陸軍官舍、碉堡等（如圖19-1）。1936年高雄市都
市計畫變更，將此地劃為工業地域（工業區），確立了戲獅
甲身為全台最早的港邊工業區的身分。

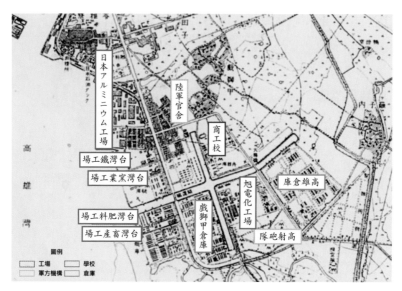

圖19-1　1943年戲獅甲工業區工廠及相關機構圖

圖片來源：中研院地理資訊科學研究專題中心──台灣百年歷史地圖，檢索日期：2021.03.29，取自：http://gissrv4.sinica.edu.tw/gis/kaohsiung.aspx。

　　二次世界大戰結束後，多數企業與工廠由國民政府接收，並轉為公營企業，如：日本鋁株式會社成為台灣鋁業公司高雄廠、株式會社台灣鐵工所成為台灣機械公司。這些公營企業為高雄的戰後經濟提供一定程度的支援，也是高雄成為工業城市的背景之一。

　　1950～1970年代，台灣經濟重心漸漸由農業轉向工業，除原有公營事業外，民營事業也發展出塑膠原料（PVC）及

木材工業（合板業），台塑公司於此打響塑料製造的名聲（如圖19-3）。戲獅甲進入黃金時期，在產業二度轉型的同時也面臨飽和。至1970年代後期，戲獅甲的產業策略形成了四大面向：1.貨櫃轉運；2.加工出口區；3.塑膠原料產業上游的石化工業專區；4.配合十大建設的中船、中鋼、台機重工業。

　　重工業的轉型與區位轉移，是城市21世紀最大的挑戰之一，戲獅甲的工業區也不例外。起初，石化專區的營運十分順利，然而在台塑將重心移至位於仁武區的仁大工業區後，戲獅甲的重要性逐漸下降；而重工業的推行原先預計與軍事工業結合，卻也因經營問題導致成效不彰。加上最初設立的農業化學工業因為農業發展逐漸式微，戲獅甲工業區的新、舊產業在大環境的影響下，漸漸走向沒落。

圖19-2　1950～1960年代高雄港邊

圖片來源：文化部國家文化記憶庫收藏，原圖由高雄市政府文化局提供。

圖19-3　台塑高雄廠

圖片來源：文化部國家文化記憶庫收藏，原圖由高雄歷史博物館提供。

## 轉型需求亟起：再生的選擇

　　歷經約50年的使用與發展，戲獅甲地區見證台灣工業的進化歷程，然考量此地不再適合作為工業發展使用，且面臨了全面性轉型的需求，1990年代配合當時台灣經濟政策主軸，主政者推出「亞太營運中心」的構想，地方政府預計將高雄打造成亞太的海運及製造中心，政權替換之後，轉而代之的是「多功能經貿園區」。1999年12月，「高雄多功能經貿園區特定區計畫」公告實施，計畫面積達590公頃，區內土地使用由原先之工業區、加工出口區、港埠用地等重新規劃為特定倉儲轉運專用區、特定文化休閒專用區與特定經貿核心專用區，以促進舊港區及周邊地區整體轉型開發（如圖19-4）。

　　高雄多功能經貿園區特定區計畫公告實施已逾20年，開發進度一度不甚理想，針對土地計畫面向，市府於2005年、2013年分別進行通盤檢討，近期則於2020年辦理第三次通盤檢討（如圖19-5）。此外考量土地開發實際執行的成效，並期望加速推動舊港灣的再發展利用，2016年台灣港務公司與高雄市政府合作成立「高雄港區土地開發公司」，以第三方合作的模式針對舊港灣之交通部所有之土地進行規劃開發，共計約24.8公頃，以分期分區開發方式，分別將港灣邊的棧庫群進行整修、招商、活化。第三部門合作推動開發的案例

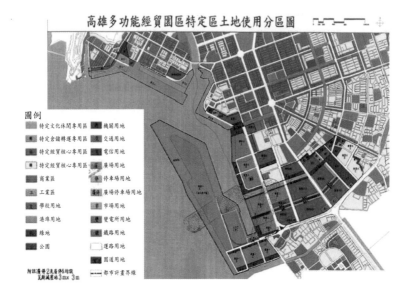

**圖19-4　1999年高雄多功能經貿園區特定區土地使用分區圖**

圖片來源：《擬定高雄多功能經貿園區特定區計畫》，高雄市政府都發局，1999年。

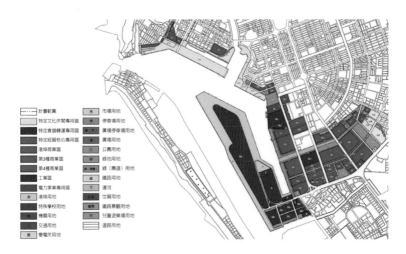

**圖19-5　2013年高雄多功能經貿園區特定區土地使用分區圖**

圖片來源：《變更高雄多功能經貿園特定區細部計畫（第三次通盤檢討）》公開徵詢意見說明書，高雄市政府都發局，2020年。

在國外其實並不罕見，然而在台灣此類經驗卻相當稀少，而高雄便在港與港邊舊工業區土地的再發展計畫，投入了這樣新型的土地開發模式。

　　除了舊碼頭地區，針對大片經貿特定園區，市府轉換策略，以大型公共建設的興建帶動區內發展，刺激業者開發意願，故「亞洲新灣區」之稱謂逐漸成為本區域的新頭銜。配合這項策略，一處處大眾所熟悉的大型場館、設施也如雨後春筍般冒出，包括：高雄展覽館、高雄總圖書館、高雄環狀輕軌、高雄軟體園區等（如圖19-6）。多功能經貿園區便逐漸轉換為如今大家熟悉的亞洲新灣區，不過在法定都市計畫的名稱仍是「多功能經貿園區特定區」。

# 規劃錦囊：港灣城市

## 依港而生的城市：港灣城市的興起、繁華、沒落與再生

15世紀，航海技術爲之後延續約2世紀的大航海時代揭開了序幕，對於人類文明的推演寫下至關重要的一頁。文化、經濟、戰爭等重大事件開始有了跨越各大洋的傳播，連帶興起的港灣城市因頻繁的經濟、文化交流，成爲當時世界上最爲繁榮、先進的地區。

時至今日，昔日承擔文明進步重任的港灣城市，也開始面臨經濟轉型、國際競爭、自然環境改變等挑戰，各國的港灣城市都面臨到轉型的需求，而港灣城市的再生也成爲城市規劃中頗具代表性的一類主題。

## 國際典範：日本MM21——橫濱港未來二十一

橫濱港在19、20世紀作爲日本三大貿易港之一，除了進出口貨物，也隨著周邊工業地帶的發展成爲工業港。港灣區域面積達7,000公頃，屬於日本國家級戰略港灣，直至今日在日本物流體系中仍占有重要地位。

對於橫濱港的發展與策略規劃，橫濱市政府早在1965年即已開始提出橫濱都市強化構想，並在1988年確定MM21（MINATO MIRAI 21）主計畫，範圍指座落於橫濱關內，

伊勢佐木町及橫濱車站周邊地區間之廣大臨海地區，共達186公頃，主要包括舊造船廠、倉庫及海埔新生地。計畫之目的包含：1.強化橫濱經濟及自立性；2.港灣機能轉換；3.分擔首都商業及國際交流機能。

　　計畫全區大致分為新港、中央及橫濱站東口等三個地區，依據各地區發展背景與機能賦予不同的開發手段與計畫導向。新港地區為日本最先建設的近代化港灣設施，極具歷史意義及懷古景觀風貌，故歷史資產的活化再利用是其核心議題；中央地區以公私合組公司，並與土地所有權人簽訂協定，為該區都市計畫與設計設下明確的規範；橫濱站東口則以新都市會堂、文化設施、公車轉運站、停車場等多功能服務設施為主。如今的橫濱以新穎、活力的面貌結合多樣化的建設，再現港灣城市的絕佳風貌，進駐企業達上千家，就業人口也達近6萬人，累積來訪人數也達近5,000萬人，成果卓越。

　　MM21於日本泡沫經濟期啟動，公私合作與公共投資的成功，係基於具有遠見、可執行、合乎公共及民間利益之長期計畫，使得計畫得以成功推行數十年，並為橫濱港周邊賦予更加強化的港灣城市機能，成為國際典範。

## 亞洲新灣區之於高雄

　　參考2021年公告之《高雄市國土計畫》，高雄市之發展目標第一條為：「都會核心以亞洲新灣區作為城市發展的動力引擎，結合港埠旅運中心、海洋文化及流行音樂中心、高雄展覽館、駁二藝術特區及軟體科技園區，推動休閒觀光、文創會展、數位研發、郵輪遊艇等新興產業，並藉由市地重劃、區段徵收釋出土地，與高雄港區土地開發公司及國營事業地主合作招商開發，活化舊港區及周邊土地，吸引產業投資開發，推動本市成為我國與國際接軌之重要門戶。」

　　這段描述將亞洲新灣區的現況、構想、執行方式與總體目標有了大略的介紹。具體而言，除了這幾項耳熟能詳的大型建設，亞洲新灣區當前有哪些主要進展呢？

## 土地開發策略與構想

　　占地590公頃的高雄多功能經貿特定園區（亞洲新灣區），於2020年啟動第三次通盤檢討。截至2019年底園區內尚有約四成土地未完成開發，其中多為國公營事業土地，此次通盤檢討期望朝向：住宅人口的引入、因應新興產業需求、開發獎勵機制等三個面向進行檢討。

　　多功能經貿園區之發展，歷經三階段：第一階段係配合亞太營運中心，帶動舊港區轉型；第二階段係公共建設期，市府透過公辦重劃，投入5大公共基礎建設（如圖19-6）；第三階段則是開發黃金期，10處公辦重劃，將於明、後年陸續完工，釋出可立即開發招商的熟地，展望未來的10年，將是多功能經貿園區全速發展的高峰期（高雄市都發局，2019）。

## 高科技產業的推動

　　亞洲新灣區自2017年起發展體感科技、物聯網、智慧城市等高科技產業。目前已有體感產業園區於2018年啓動，還有4家新創業者進駐育成中心。經濟部亦與高雄市政府合作，透過「高雄市體感科技園區計畫補助辦法」，鼓勵廠商以高雄市及亞洲新灣區爲場域，進行體感科技的特色創新應用產品試煉及體驗環境的打造。

　　此外，亞洲新灣區在2021年配合前瞻計畫推出「亞洲·矽谷5G創新應用計畫」，期望連結廠商於亞洲新灣區作爲示範場域，推動5G開放網路及實證場域應用，並發展智慧城鄉AIoT應用及輸出。

　　綜上所述，亞洲新灣區的再發展階段由原先舊港邊工業區的土地整理、再定位，接著由政府帶頭興建基礎建設與大

型公共設施，作為投資與開發動能的領頭兵；而後逐漸導入各方民間企業、中央政策的相關資源與建設計畫，並依據實際情形滾動修正相關計畫內容與規範，以符合動態的開發景

**圖19-6　亞洲新灣區大型建設示意圖**

況。近年持續推動標售區內土地，各方投資客與政府計畫也
陸續到位，搭配港邊的各項新興設施，高雄這片舊工業區即
將換上新裝，再現港都風華。

## 後記

　　高雄的都市計畫源自高雄港築港計畫，也是高雄「港市合一」發展的緣起。沿著港灣發展而修築的鐵軌、車站與規劃的市街，讓高雄在日治時期以港為核心向外擴散出繁榮的港灣城市樣貌。圍繞在核心區域周圍的相關二、三級產業，在1960年有因應船舶清除的拆船業，回收販賣拆船後的廢五金、鋼鐵買賣的五金店，帶動了鋼鐵、拖船、運輸等行業。直到2008年前，仍能見到位在高雄鹽埕地區公園路上的「五金街」，即是象徵這條延續港灣產業脈絡的遺跡；豐富的港邊交易與船舶停靠時的商業契機，連帶興盛的則是服務船員、提供舶來品貿易的舊堀江商圈，也曾風靡一時，是為高雄過去最為新潮的商店街。

　　而高雄港周邊最為重要的一片土地──亞洲新灣區，其發展歷史可以說是城市工業發展與轉型的縮影，也見證了台灣產業與經濟一路走來的重要時刻。原先的戲獅甲工業區從日治時期的軍需工業、戰後國民政府接收進而推展的國營事業，到美援後期扶持台塑在戲獅甲落地生根，公營事業由盛而衰，以及1980年代後的轉型及民營化，乃至於今日多功能經貿園區、亞洲新灣區的再度轉型，以海洋休閒、文化創意、會議會展產業、數位應用、科技研發及港區關聯性產業為發展目標。

　　曾經的工業重地，今日轉換爲觀光休閒、新科技試驗
與住商的綜合場域，連帶過往周邊因港區經濟而興起的產
業與土地使用也隨之變動，這是一場屬於整個城市個性的大
改造。這樣的轉變爲土地增加了配合現代潮流的使用價值，
是否能再度聚攏人潮、創造城市生活的新模式，值得持續觀
察。

# 內文參考資料綜整

**1958年　由素地到城市之地：高雄第一期市地重劃區**

1. 劉碧梳（2016）。日治時期鐵道與港口開發對高雄市區規劃的影響。國史館館刊，第47期，頁1-47。

2. 李得全、謝一鋒（2019）。台灣都市計畫實施的問題與對策。都市與計畫，第46卷第2期，頁119-146。

3. 高雄市文獻委員會（1988）。高雄市發展史。

4. 高雄市政府地政處（2008）。劃地半世紀‧開發全高雄。高雄市：高雄市政府地政處。

5. 高雄市政府地政處（2009）。高雄論重劃──市地重劃50週年研討會論文集。高雄市：高雄市政府地政處。

6. 黃武達（2000）。日治時代台灣都市計畫歷程之建構。南天書局。

7. 高雄市政府（1958）。台灣省高雄市都市計畫說明書。

**1961年　西方規劃理念在地實踐：中興新村新市鎮**

1. 南投縣政府（1984）。《變更中興新村（含南內轆地區）都市計畫（通盤檢討）案》。

2. 內政部（2007）。中興新村再發展計畫。

3. 省政府公共事務管理局委託住宅及都市發展處（1996）。中興新村整體規劃暨都市設計總結報告書。

4. 陳淑美（1999）。回首「中興新村」——也無風雨也無情。台灣光華雜誌，第24:1期，頁18-21。光華畫報社。

5. 吳鄭重（2020）。明日田園城市：中永和、中興新村、花園新城？「橘逾淮為枳」的台灣田園城市。檢索日期：2020.09.14。取自：https://www.thenewslens.com/article/140224。

**1968年　美式社區新嘗試：台北民生社區**

1. 沈孟穎、傅朝卿（2015）。台灣現代住宅設計之轉化：以1920年代至1960年代公共（國民）住宅為例。設計學報，第20卷第4期，頁43-62。

2. 林君安（2015）。試論台北步登公寓——現代住宅在地化過程中的公部門角色。建築學報，第94期，頁107-128。

3. 高名孝、林秀澧等人（2014）。計畫城事：戰後台北都市發展歷程。台北市；台北市都市更新處、田園城市文化。

4. 台北市政府都市發展局（1979）。修訂撫遠街、延壽街、敦化北路、松山機場南側（民生東路新社區）所圍地區細部計畫（通盤檢討）案。

### 1969年　產業帶動經濟大躍進：高雄楠梓加工出口區

1. 閻永祺、王惠汝、孔憲法（2011）。產業空間群聚機制之解析——以楠梓加工出口區IC封測群聚為例。亞太經濟管理評論，第14卷第2期，頁1-30。

2. 吳連賞（2001）。加工出口區產業結構轉型變遷之研究——以高雄、楠梓、台中三加工區為例。環境與世界，第5期，頁31-56。

3. 經濟部加工出口區管理處，繼往開來——加工出口區四十週年特展。檢索日期：2021.04.12，取自：http://www3.nstm.gov.tw/word40th/index.htm。

4. 經濟部加工出口區管理處。檢索日期：2021.04.12，取自：https://www.epza.gov.tw/page.aspx?pageid=79285697a9c68b88。

### 1972年　都市計畫區段徵收之始：竹北都市計畫

1. 許松（2019）。改進區段徵收話當年。土地問題研究季刊，第18卷第3期，頁36-39。

2. 鍾麗娜（2009）。區段徵收法制變遷之回顧與展望。土地問題研究季刊，第8卷第3期，頁89-109。

3. 李得全、謝一鋒（2019）。台灣都市計畫實施的問題與對策。都市與計畫，第46卷第2期，頁119-146。

4. 新竹縣政府（1981）。竹北（斗崙地區）都市計畫書。新竹縣。

5. 新竹縣政府（2016）。變更竹北（含斗崙地區）都市計畫（第四次通盤檢討）案（含都市計畫圖重製）。新竹縣。

6. 楊松齡（2015）。台北市政府地政局專題講座簡報：區段徵收計畫公益性與必要性。檢索日期：2021.05.29，取自：https://www-ws.gov.taipei/001/Upload/public/Attachment/56251215477.pdf。

7. 吳勁毅（2010）。德國徵收之公共利益的界限。檢索日期：2021.05.29，取自：https://blog.xuite.net/nature2006_2/wretch/119646364-德國徵收之公共利益的界限。

8. 辛年豐。日本土地收用制度對台灣土地徵收條例的反思。檢索日期：2021.05.29，取自：https://www.eja.org.tw/uploads/1/3/5/9/13595379/辛年豐_日本土地收用制度對台灣土地徵收條例的反思.pdf。

## 1980年　風城的台灣之光：新竹科學工業園區

1. 陳冠甫（1991）。台灣高科技工業的依賴發展與空間結構。台灣社會研究季刊，第3卷第1期（1990春季號），頁113-149。

2. 蔡偉銑（2014）。新竹科學園區政策過程的重新檢視。人文及社會科學集刊，第26卷第3期，頁427-481。

3. 胡太山、解鴻年、王俊堯（2002）。新竹科學園區周邊地區社經發展變遷之調查研究。都市與計畫，第29卷第1期，頁37-65。

4. 新竹市政府（1980）。新竹科學工業園區特定區主要計畫書。

5. 交大校區圖書館推廣服務（2019）。校史珍藏資料選介──新竹科學園區建立初期檔案。檢索日期：2021.05.28，取自：https://news.lib.nctu.edu.tw/university-history。

6. 新竹科學園區網站。檢索日期：2021.05.28，取自：https://www.sipa.gov.tw/index.jsp。

## 1980年　台北副都心的偉業：信義計畫區

1. 陳慧君（2012）。信義計畫區都市設計理念之實踐與省思。土地問題研究季刊，第11卷第4期，頁73-86。

2. 林秀澧、高名孝等（2015）。計畫城事：戰後台北都市發展歷程。台北市：台北市都市更新處、田園城市文化事業。

3. 台北市政府（1981）。擬定台北市逸仙路、基隆路以東、忠孝東路以南、信義國小附近地區細部計畫暨配合修訂主要計畫案。

4. 台北市政府（1994）。修訂信義計畫地區細部計畫（通盤檢討）案。

5. 台北市政府（2000）。修訂台北市信義計畫地區細部計畫（第二次通盤檢討）暨配合修訂主要計畫案。

6. 台北市政府（2015）。修訂台北市信義計畫特定專用區細部計畫（第三次通盤檢討）案。

7. 林欽榮（2009）。新市區開發之規劃設計與開發管制：台北信義副都心開發之都市設計計畫分析。檢索日期：2021.05.23，取自：http://ocw.nctu.edu.tw/course/urban_design/urban_design_ch4.pdf。

8. 台北市景觀綱要計畫|重點景觀地區都市設計特定區-信義計畫區。檢索日期：2021.05.23，取自：https://mail.tku.edu.tw/094152/xy2.htm。

**1981年　大台北不缺水的幕後功臣：台北水源特定區計畫**

1. 台灣省住宅及都市發展局（1981）。台北區水源特定區計畫。

2. 台北翡翠水庫管理局。檢索日期：2021.03.26，取自：https://www.feitsui.gov.taipei/News_Content.aspx?n=F1ADCE2242DCAD0&sms=E604EE9843BEE55C&s=8C1F267BFF9920D5。

3. 國立台北科技大學水環境研究中心。檢索日期：2021.03.26，取自：https://wwwwec.ntut.edu.tw/p/412-1095-1481.php?Lang=zh-tw。

4. 佐渡守（2014）。水從哪裡來？——探訪水的國度「台北水源特定區」。檢索日期：2021.03.26，取自：https://www.newsmarket.com.tw/blog/62347/。

**1989年　都市之肺的城市遠見：大安森林公園**

1. 林秀澧、高名孝等人（2015）。計畫城事：戰後台北都市發展歷程。台北市：台北市都市更新處、田園城市文化。

2. 劉東啓（2005）。台灣公園綠地的形成與展開之研究——以台北市爲例。花蓮縣：花蓮縣暨夏威夷郡都市治理高峰論壇。

3. 台北市大安區公所（2015）。走讀大安森林公園今昔 明光法師談公園內觀音像。檢索日期：2021.03.18，取自：https://dado.gov.taipei/News_Content.aspx?n=5DDD5E57D2BE7D43&sms=E53F269ABF64AB4B&s=4C560991C2763B8B。

**1990年　走路行不行？台北西門徒步區**

1. 王志弘（2012）。台北市人行空間治理與徒步移動性。台灣社會研究季刊，第88期，頁1-40。

2. 鄭幸眞、施植明（2006）。當代行人徒步街發展研究——從德國經驗到台灣本土的實踐。設計學報，第11卷第2期，頁43-64。

3. 郭恆安（2017）。古都慢活綠色交通：回歸人本交通的探討——以台南為例。檢索日期：2021.06.08，取自：https://eyesonplace.net/2017/10/06/6488/。

4. 邱秉瑜（2018）。為何西門町消費觀光人潮歷久不衰？——你不知道的「徒步區經濟學」。檢索日期：2021.05.21，取自：https://opinion.cw.com.tw/blog/profile/429/article/6542。

5. 西門徒步區街區發展促進會。檢索日期：2021.05.21，取自：https://www.ximen.com.tw/index.html。

**1992 年　城市縫合之路：台北市中華路鐵路地下化**

1. 交通部鐵路改建工程局（2012）。潛龍騰行——隨著記憶不斷蛻變的台北鐵道。

2. 交通部鐵路運輸研究所（2019）。鐵路立體化建設對交通及都市發展之影響分析。

3. 交通部鐵路改建工程局（2011）。台北都會區鐵路地下化建設效益評估報告。

4. 台北市政府工務局都市計畫處（1989）。台北車站地區與中華路地下街規劃研究。台北市：交通部鐵路改建工程局。

5. 黃大洲（2004）。更新—中華路的重建。高雄市：太谷文化。

**1996年　國土規劃的前身：國土綜合開發計畫**

1. 邱君萍、蕭全政（2015）。台灣國土規劃政策之政治經濟分析1945～2015。政治學報，第60期，頁21-39。

2. 林元興（2009）。日本國土形成計畫之內容與推行。土地問題研究季刊，第8卷第3期，頁10-17。

3. 行政院經濟建設委員會（1996）。國土綜合開發計畫。

4. 行政院經濟建設委員會（2010）。國土空間發展策略計畫。

5. 內政部營建署（2017）。全國國土計畫。台北市。

6. 內政部營建署（2000）。國土規劃體系與執行組織架構之研究。

7. 國家發展委員會國土區域離島發展處（2016）。國土空間發展狀況報告。

**1997年 小尺度的社區規劃：城鄉風貌計畫**

1. 李永展（2019）。地方創生與地方發展脈絡。經濟前瞻，第185期，頁49-52。

2. 李易駿（2001）。我國社區發展工作的沿革與發展。社區發展季刊，第133期，頁417-429。

3. 王靜儀（2010）。從社區發展到社區營造：台中縣的個案研究（1965-2005）。台灣文獻季刊，第61卷第4期，頁299-326。

4. 內政部營建署（2008）。台灣城鄉風貌整體規劃示範計畫（第三期計畫98-101年）。台北市。

5. 內政部營建署（2013）。城鎮風貌型塑整體計畫（102-105年）。台北市。

6. 內政部營建署（2010）。城鎮風貌及創生環境營造計畫（110-115年）。台北市。

7. 內政部營建署（2003）。世界先進國家城鄉風貌改造執行機制之研究。台北市。

8. 魅力城鄉主題網。檢索日期：2021.05.26，取自：http://
trp.cpami.gov.tw/ch/index.aspx。

**2000年　城市文資不自燃：大稻埕歷史風貌特定專用區**

1. 顏亮一（2006）。市民認同、地區發展與都市保存：迪化
街個案分析。都市與計畫，第33卷第2期，頁93-109。

2. 林崇傑（2008）。台灣運用容積移轉於歷史保存之政策與
實踐之檢討。文資學報，第4期，頁27-92。

3. 蔡明志（2014）。談文化資產保存的創新與未來。台灣建
築學會會刊雜誌，第76期，頁88-93。

4. 王維周（2014）。文化資產保存的現有問題分析與未來發
展課題。台灣建築學會會刊雜誌，第76期，頁77-81。

5. 台北市政府（2000）。擬訂「台北市大同區大稻埕歷史風
貌特定專用區細部計畫案」。

**2001年 農村再出發：新竹北埔南埔社區 農村再生計畫**

1. 新竹縣北埔鄉南埔社區發展協會（2011）。新竹縣北埔鄉
南埔社區農村再生計畫。

2. 方秋停。傳統農村、風華再現——訪新竹南浦黃金水鄉。
檢索日期：2021.04.23，取自：http://www.mingdao.edu.tw/
culart/culart0704/pdf/406/9901-406-1.pdf。

3. 南埔社區發展協會。檢索日期：2021.04.23，取自：https://nanpu.wordpress.com/認識南埔。

4. 行政院農委會。農村72變系報導之68：水保阿甘，打造幸福新農村～新竹縣北埔鄉南埔社區，2011年。檢索日期：2021.04.23，取自：https://www.coa.gov.tw/ws.php?id=23979。

## 台北：多核心城市更新門戶計畫

1. 台北市政府（2012）。變更台北市南港區鐵路地下化沿線土地主要計畫案。

2. 台北市政府（2018）。「台北東區門戶計畫」（2015～2022）第四次修正實施計畫。

3. 台北市西區門戶計畫官方網站。檢索日期：2021.05.25，取自：http://tpstation.com.tw/。

4. 台北市南港區公所網站。檢索日期：2021.05.25，取自：https://ngdo.gov.taipei/cp.aspx?n=6EF114B8EE88E41E。

## 基隆：港市合作的城市再生

1. 葉淑華、張志清（2019）。現階段基隆港業務轉型策略。航運季刊，第28卷第1期，頁23-50。

2. 基隆市政府（2015）。基隆市都市再生策略計畫願景架構。

3. 徐燕興（2020）。共創基隆：明日城市平台與構築。檢索日期：2021.06.28，取自：https://futurecity.cw.com.tw/article/1693。

### 台南：雙面古都——歷史風貌延續與智慧新能量

1. 王昭驊（2017）。台南市歸仁區的聚落變遷與發展（1895-2016）。中國地理學會會刊，第59期，頁21-36。

2. 台南市政府文化局（2016）。府城歷史街區計畫。

3. 台南市政府（2018）。變更台南市中西區細部計畫（第二次通盤檢討）。

### 高雄：港灣工業重鎮再造新灣區

1. 王御風（2018）。舊港新灣 打狗港濱戲獅甲。新北市：遠足文化。

2. 王御風、陳慧鐶（2015）。日治時期戲獅甲工業區的建立。高雄文獻，第5卷第2期，頁104-130。

3. 鄭春發（2012）。高雄港、市發展及互動模式之回顧與展望。高應科大人文社會科學學報，第9卷第1期，頁139-173。

4. 高雄市政府都市發展局。加速「高雄多功能經貿區」開發動能都發局啟動都市計畫第3次通盤檢討！～檢討三主軸：產業需求／住宅引入／獎勵機制。檢索日期：2021.04.08，取自：https://www.kcg.gov.tw/CityNews_Detail1.aspx?n=3A379BB94CA5F12D&sms=36A0BB334ECB4011&ss=E3688CC0D5C5BDB4。

家圖書館出版品預行編目(CIP)資料

台灣都市縮影50+：關於台灣城市規劃的回顧
反思 / 張學聖著. -- 初版. -- 臺北市：
南圖書出版股份有限公司, 2022.01
　面；　公分

SBN 978-626-317-476-4(平裝)

都市計畫 2.歷史 3.臺灣

45.14　　　　　　　　　　110021228

1K2B

## 台灣都市縮影50+：
## 關於台灣城市規劃的回顧與反思

| | |
|---|---|
| 作　　　者 ― | 張學聖 |
| 內容編輯 ― | 方鈺宜 |
| 責任編輯 ― | 唐　筠 |
| 文字校對 ― | 黃志誠　許馨尹　林芸郁 |
| 封面設計 ― | 姚孝慈 |
| 封面與內文插圖 ― | 曾文永 |
| 發 行 人 ― | 楊榮川 |
| 總 經 理 ― | 楊士清 |
| 總 編 輯 ― | 楊秀麗 |
| 副總編輯 ― | 張毓芬 |

出 版 者 ― 五南圖書出版股份有限公司

地　　址：106臺北市大安區和平東路二段339號4樓

電　　話：(02)2705-5066　　傳　　真：(02)2706-6100

網　　址：https://www.wunan.com.tw

電子郵件：wunan@wunan.com.tw

劃撥帳號：01068953

戶　　名：五南圖書出版股份有限公司

法律顧問　林勝安律師

出版日期　2022年1月初版一刷
　　　　　2023年5月初版二刷

定　　價　新臺幣450元

# 經典永恆・名著常在

## 五十週年的獻禮——經典名著文庫

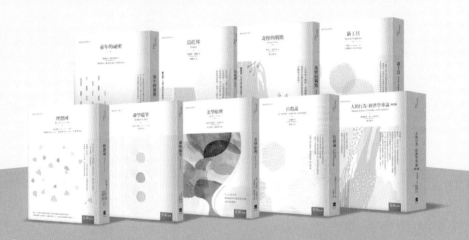

五南，五十年了，半個世紀，人生旅程的一大半，走過來了。
思索著，邁向百年的未來歷程，能為知識界、文化學術界作些什麼？
在速食文化的生態下，有什麼值得讓人雋永品味的？

歷代經典・當今名著，經過時間的洗禮，千錘百鍊，流傳至今，光芒耀人；
不僅使我們能領悟前人的智慧，同時也增深加廣我們思考的深度與視野。
我們決心投入巨資，有計畫的系統梳選，成立「經典名著文庫」，
希望收入古今中外思想性的、充滿睿智與獨見的經典、名著。
這是一項理想性的、永續性的巨大出版工程。
不在意讀者的眾寡，只考慮它的學術價值，力求完整展現先哲思想的軌跡；
為知識界開啟一片智慧之窗，營造一座百花綻放的世界文明公園，
任君遨遊、取菁吸蜜、嘉惠學子！